Oda Cordes

Frauen als Wegbereiter des Rechts

Die ersten deutschen Juristinnen und ihre
Reformforderungen in der Weimarer Republik

Diplomica® Verlag GmbH

Cordes, Oda: Frauen als Wegbereiter des Rechts: Die ersten deutschen Juristinnen und ihre Reformforderungen in der Weimarer Republik, Hamburg, Diplomica Verlag GmbH 2012

ISBN: 978-3-8366-9240-3
Druck: Diplomica® Verlag GmbH, Hamburg, 2012
Covermotiv: © misterQM / photocase.com

Bibliografische Information der Deutschen Nationalbibliothek:
Die Deutsche Nationalbibliothek verzeichnet diese Publikation in der Deutschen Nationalbibliografie;
detaillierte bibliografische Daten sind im Internet über http://dnb.d-nb.de abrufbar.

Die digitale Ausgabe (eBook-Ausgabe) dieses Titels trägt die ISBN 978-3-8366-4240-8 und kann über den Handel oder den Verlag bezogen werden.

Inhaltsverzeichnis

Vorwort

Wegbereiter ist, wer als erster etwas Neues tut. Das verlangt Durchsetzungskraft. Insbesondere, wenn Frauen in Rechtsfragen Pioniere sein wollen. Auf das hundert Jahre zurückliegende, fast ausschließlich männlich besetzte Parlament, dem Reichstag der Weimarer Zeit, gelang weiblicher Einfluss zuvorderst nur über außerparlamentarische Initiativen. Die ersten Juristinnen Deutschlands griffen auf das noch junge Modell der politischen Partizipation: den Verein, zurück und machten ihn zu einem Instrument im Kampf um eine rechtliche Besserstellung der Frau. Dieses Engagement einzelner Mitglieder des Deutschen Juristinnen-Vereins blieb in der wissenschaftlichen Literatur -bis heute- hinter der führenden Organisation der damaligen Frauenbewegung: dem Bund Deutscher Frauenvereine, verborgen. Die Publikationen des Deutschen Juristinnenbund, dem Nachfolger des Deutschen Juristinnen-Vereins, sind bis heute über seine Verbandsgeschichte spärliche Quellen zu entnehmen. Ursache seien die Ereignisse des 2. Weltkriegs.[1] Dieser unbefriedigende Befund war Grund der Frage nachzugehen: Wie haben die Mitglieder des Deutschen Juristinnen-Vereins die Weimarer Reform zum Ehe- und Familienrecht mitbestimmt und wo fanden ihre Reformvorschläge ihr rechtliches Abbild nach dem zweiten Weltkrieg? Schlusspunkt in der Antwort auf diese Frage muss die Rechtsentwicklung bis zum Jahr 2000 sein, weil der rechtspolitische und rechtswissenschaftliche Diskurs 10 Jahre nach der Wiedervereinigung mit den sozioökonomischen Veränderungen durch die vierte bis sechste Erweiterung der EU (1995, 2004 und 2007) internationale Rechtsanknüpfungen erhielt. Es gewinnt zum Beispiel die Verordnung (EG) Nr.2201/2003 (EuEheVO) in Ehe- und Kindschaftssachen an Bedeutung, auch für eheähnliche Lebensgemeinschaften (vgl. Beschluss des BGH vom 16. März 2011, XII ZB 407/10). Es ist eine weltweite berufliche Mobilität, die die Ehepartner -nicht nur unterschiedlicher Nationen- auf das gesetzliche Güterrecht verzichten lässt, weshalb um den Kernbereich im vertraglichen Güterrecht im wissenschaftlichen Diskurs auch über europäische Landesgrenzen hinweg gerungen wird.

Doch um die Frage nach dem Ursprung heutiger Rechtsentwicklung mit dieser wissenschaftlichen Studie aufzugreifen, ist zunächst in ein zur Weimarer Zeit noch neues -revolutionäres- Berufsbild: dass der Juristin, ihre berufliche Professionalisierung und in die rechtspolitische Stellung des Vereins einzuführen.

---

[1] Siehe vor allem: Deutscher Juristinnenbund (Hrsg.), Juristinnen in Deutschland – Eine Dokumentation (1900-1989), 2. Auflage, Neuwied/Frankfurt, 1989, S. 5.

9

A. Der Verein

Der Begriff des Vereins steht in einem rechtssoziologischen und rechtspolitischen Kontext.

I. Definition des Vereins und seine Konstitution

Neben einer privatrechtlichen oder öffentlich-rechtlichen Verortung muß der Verein bestimmte Mindestmerkmale aufweisen. Sein auf unbestimmte Zeit oder von gewisser Dauer bestehender Zusammenschluss basiert auf der Freiwilligkeit seiner Mitglieder, zur Verfolgung eines gemeinsamen nichtwirtschaftlichen oder wirtschaftlichen Zwecks kraft körperschaftlicher Verfassung führt er einen Namen und ist in seiner Existenz vom Wechsel seiner Mitglieder unabhängig. Etymologisch wird der Begriff Verein mit dem Wort Verband gleichgesetzt[2], der sich historisch aus dem Wort „Assoziation" entwickelt hat.[3]

II. Der Verein aus rechtssoziologischer und rechtspolitischer Sicht der Weimarer Zeit

In den aufstrebenden wissenschaftlichen Disziplinen der Rechtssoziologie und der Politikwissenschaft waren die Auffassungen über die Einbeziehung des Individuums in die gesellschaftliche Entwicklung in Form der politischen Partizipation und die sich hieraus zwangsläufig ergebende Stellung zum Staat differenziert.

1. Das Interesse als gesellschaftliches Phänomen zur Weimarer Zeit

Max Weber hat in der Weimarer Zeit in seinen Darstellungen zum Typus des sozialen Handelns ausdrücklich „das Interesse"[4] vom Brauch, der Sitte oder einer „als" geltend „vorgestellten Norm"[5] abgegrenzt. Das Verhalten als „Mittel"[6] zur Erreichung subjektiver Interessen („Zweck")[7] begleitet von den „Bedingungen"[8], d.h. der voraussichtlichen Reaktionen des Partners des Individuums, sind die Grundbedingungen gesellschaftlicher Kommunikation und gleichsam als Ausdruck der Interessenvertretung

---

[2]   Reichert, Bernhard; van Look, Frank; Häuser, Franz, Handbuch des Vereins- und Verbandsrechts, Neuwied, 1995, Rdnr. 2, 12

[3]   Breitling, Rupert, Die zentralen Begriffe der Verbandsforschung in: Politische Vierteljahresschrift, Jahrgang I und II, 1960/1961, S. 47 bis 73, S. 64

[4]   Weber, Max / Winckelmann, Johannes (Hrsg.), Kapitel XI. Soziologische Grundbegriffe, § 4. Typen sozialen Handelns: Brauch, Sitte in: Gesammelte Aufsätze zur Wissenschaftslehre, Tübingen, 1988, S. 570 bis 573, S. 572

[5]   Weber, Max /Winckelmann, Johannes (Hrsg.), ebd., S. 571

[6]   Weber Max /Winckelmann, Johannes (Hrsg.), ebd., S. 572

[7]   Weber, Max /Winckelmann, Johannes (Hrsg.), ebd.,

[8]   Weber, Max /Winckelmann, Johannes (Hrsg.), ebd.,

auch Prinzip der Gesellschaft. Otto von Gierke bezieht eine derartige Erkenntnis auf das Recht als Prozess nicht nur des menschlichen Zusammenlebens, sondern als Produkt der Interessenvertretung und damit als Interessenausgleich: „Einerseits ist das Recht ein Teil des Gemeinschaftslebens. Die Rechtswissenschaft kann daher schon von der Entstehung des Rechtes nicht handeln, ohne auf die erzeugende Gemeinschaft zurückzugehen;"[9] Mit Hugo Sinzheimer kommt neben der Ausgleichsfunktion der Gedanke des Pluralismus zum Ausdruck: Soziale Selbstbestimmung bedeutet, dass „frei- organisierte gesellschaftliche Kräfte unmittelbar und planvoll objektives Recht erzeugen und selbständig verwalten."[10]

2. Gruppeninteressen als Gegenstand des Pluralismus

Die Publikation des Amerikaners Arthur F. Bentley (1908) „The Process of Government" griff erstmals „interessenbestimmte Handlungsweisen der Menschen" als „Grundelemente der Politik" auf.[11] Dieses „gruppentheoretische Politikmodell" und der Ansatz von Laski („A Grammar of Politics", 1925"), der Staat sei nichts weiter als „die Zwangsmitgliedschaft aller" und er „wenn es darauf ankommt, ihren Gehorsam erzwingen kann."[12] Gleichwohl „seine Gebote [..] legitimiert [sind] durch einen demokratischen Prozess von Entscheidungen und Kontrolle, der gewährleistet – [..] dass das Subjekt an der Herstellung der Gesetze beteiligt ist, denen es sich unterwirft."[13]

Die Auffassungen über das Verhältnis von Staat und Individuum zu jener Zeit waren differenziert.

---

[9] v. Gierke, Otto, Das Wesen der menschlichen Verbände, Darmstadt, 1954, S. 6
[10] Sinzheimer, Hugo, Ein Arbeitstarifgesetz -Die Idee der sozialen Selbstbestimmung im Recht-, 2. Auflage, Berlin, 1977, der in Leipzig 1916 erschienenen Publikation, S. 181 bis 209, S. 186
[11] Weber, Jürgen, Die Interessengruppen im politischen System der Bundesrepublik Deutschland, Stuttgart/Berlin/Köln/Mainz,1977, 2. Gruppeninteressen in modernen politischen Theorien, S. 43 bis 56, S. 43
[12] Weber, Jürgen, ebd., S. 47
[13] Wolff, Robert Paul, Jenseits der Toleranz in: Wolff, Robert Paul; Barrington, Moore; Marcuse, Herbert, Kritik der reinen Toleranz, Frankfurt, 1982, S. 11

a) Das „System von Bewegungen sozialer Gruppen" bei Ludwig Gumplowicz

Mit dieser in der Überschrift genannten Bezeichnung definierte Gumplowicz nicht nur den Forschungsgegenstand der Wissenschaftsdisziplin Soziologie.[14] Er verdeutlicht zudem, dass soziale Tatsachen „nicht von Individuen, sondern von mindestens zwei heterogenen Gruppen"[15] als „Urelement aller sozialen Entwicklung [und] des Natur-prozesses der Geschichte"[16] infolge des „Strebens nach Selbsterhaltung"[17] danach „trachtet [..] die andere (Gruppe) zu ihren eigenen Zwecken zu verwerten"[18], was lediglich „nur [..] durch die komplizierte soziale Struktur der Staaten [..] einigermaßen verdunkelt [..] wird"[19] Ursache sei „die Vermehrung der Bevölkerung [als] Tatsache [der] Fruchtbarkeit der Frauen."[20] Der Staat hebt sich gleichsam kraft seiner Souverä-nität von den „einer gemeinschaftlichen Rechtsordnung"[21] unterworfenen Gruppen ab[22] und das Recht ist das Ergebnis „vorhergehender sozialer Kämpfe verschiedener sozialer Gruppen".[23]

b) Das „patriarchalische Herrschaftsverhältnis" bei Gustav Ratzenhofer

Nach Ratzenhofer bedingt „soziale Ungleichheit durch Scheidung in Bevorrechtete und Dienstbare."[24] die Bildung von „Gesellschaftsverbänden",[25] deren „politische Ungleichheit"[26] innerhalb eines „patriarchalischen Herrschaftsverhältnisses"[27] von „gegensätzlichen Interessen"[28] zu einem „Theil des staatlichen Interesses."[29] werden. Ausdruck der politischen Macht des Staates ist die Rechtsgrundlage.[30]

---

[14] Gumplowicz, Ludwig, Ausgewählte Werke, Band IV: Soziologische Essays, Soziologie und Politik, Innsbruck, 1928, Reprint: Aalen, 1972, Zweiter Teil, Erstes Buch, § 20. Die soziologische Weltan-schauung, S. 190 bis 196, S. 192
[15] Gumplowicz, Ludwig, ebd., Erster Teil, II. Das Eigentum, S. 12 bis 30, S. 14
[16] Gumplowicz, Ludwig, ebd., Zweiter Teil, Zweites Buch, § 24. Die soziale Gruppe, S. 218 bis 220, S. 218
[17] Gumplowicz, Ludwig, ebd., Zweiter Teil, Zweites Buch, § 27. Das oberste Gesetz der sozialen Entwicklung, S. 225 bis 230, S. 225
[18] Gumplowicz, Ludwig, ebd., S. 227
[19] Gumplowicz, Ludwig, ebd.
[20] Gumplowicz, Ludwig, ebd., S. 226
[21] Gumplowicz, Ludwig, ebd., Zweiter Teil, Zweites Buch, § 25. Die Gesellschaft und der Staat, S. 220 bis 222, S. 220
[22] Gumplowicz, Ludwig, ebd., S. 221
[23] Gumplowicz, Ludwig, ebd., Erster Teil, I. Was ist Recht ?, S. 1 bis 11, S. 2
[24] Ratzenhofer, Gustav, Wesen und Zweck der Politik, Band 1 bis 3, Leipzig, 1893, Reprint: Aalen, 1967, Band 1, Einleitung., Die sociologische Grundlage, S. 3
[25] Ratzenhofer, Gustav, ebd.
[26] Ratzenhofer, Gustav, ebd.
[27] Ratzenhofer, Gustav, ebd.
[28] Ratzenhofer, Gustav, ebd., Band 1, II. Die Politik im Staate. 18. Die politischen Interessen im Staate., S. 161 bis 185, S. 161
[29] Ratzenhofer, Gustav, ebd.
[30] Ratzenhofer, Gustav, ebd., Band 2, IV. Die Gesellschaftspolitik., 50. Das Wesen der Gesellschafts-politik., S. 251 bis 255, S. 251

c) Die organische Theorie bei Otto von Gierke

Nach von Gierke ist das Individuum kraft der „reale(n) Existenz von Gemeinschaft, Gemeinwillen und Gemeinbewußtsein."[31] Bestandteil eines „Gemeinwesen"[32] welches "einheitlich und ausschließlich"[33] u.a. auch die „Gemeinschaft des Rechts"[34] verwirklicht. Gleichwohl verstand von Gierke den Staat als einen menschlichen Verband unter vielen, indem er ihn als „Produkt der in den Individuen sich bethätigenden gesellschaftlichen Kräfte [als] Verwirklichung einer bestimmten wesentlichen Seite des menschlichen Gemeinlebens."[35] verstand.

d) Der Begriff des Politischen bei Carl Schmitt

Die Überordnung des Staates den gesellschaftlichen Kräften gegenüber, hatte insbesondere ihre Begründung in der Vorstellung, dass „der Staat eine [..] maßgebende Einheit [kraft seines] politischen Charakter [..] die höchste [..] bestimmende Einheit"[36] darstellt, in der kein Platz für Individualinteressen, geschweige denn für neben dem Staat existierende Interessengruppen ist.

Dennoch waren bedingt durch die Industrialisierung, die dem sozio-ökonomischen Wandel eigentümlichen Formen der Interessenwahrnehmung nicht aufzuhalten[37], nachdem sie sich vor dem 1. Weltkrieg bereits im Bereich der Wirtschaftspolitik etabliert hatten und politischen Einfluss ausübten.[38]

III. Die Vereins- bzw. Verbandsarten in der Frauenbewegung am Beispiel der Berufsorganisationen in der Weimarer Zeit

In der Zeit vor der Weimarer Republik lag die Interessenvertretung vorwiegend in den Händen von Wirtschaftsverbänden, Handelskammern oder der berufsständischen Selbstverwaltung.[39]Als Formen der politischen Partizipation des Bürgers waren sie aufgrund der damaligen Rechtslage reglementiert.

---

[31] v. Gierke, Otto, Die Grundbegriffe des Staatsrechts und die neuesten Staatsrechtstheorien, Tübingen 1915, Reprint: Aalen, 1973, S. 1 bis 132, S. 94

[32] v. Gierke, Otto, ebd.

[33] v. Gierke, Otto, ebd.

[34] v. Gierke, Otto, ebd.

[35] v. Gierke, Otto, ebd., S. 97

[36] Schmitt, Carl, Der Begriff des Politischen -Text von 1932 mit einem Vorwort und drei Corollarien-, Berlin, 1963, S. 43, 44

[37] Weber, Jürgen, ebd., 3. Anfänge und Entwicklungen der Interessengruppen in Deutschland, S. 57 bis 69

[38] Nipperdey, Thomas, Interessenverbände und Parteien in Deutschland vor dem ersten Weltkrieg in: Politische Vierteljahresschrift, Jahrgang I und II, 1960/61, S. 262 bis 280

[39] Fischer, Wolfram, Staatsverwaltung und Interessenverbände im Deutschen Reich 1871-1914 in: Varain, Heinz Josef, Interessenverbände in Deutschland, Köln, 1973, S. 139 bis 161; Schomerus, F., Die freien Interessenverbände für Handel und Industrie und ihr Einfluß auf die Gesetzgebung und

1. Historischer Rückblick und rechtliche Grundlagen des Vereinsrechts

Mit dem 6. Titel des II. Teils §§ 1 bis 24 des Allgemeinen Preußischen Landrechts (ALR von 1794) wurde erstmals die rechtliche Basis für den Verein geschaffen. Dieser Ausdruck bürgerlicher Partizipation stand unter einem gesetzlichen Gemeinwohlvorbehalt. Gesetzestechnisch hatte sich der Staat eine Kontrollfunktion und ein Auflösungsrecht auch in der nach revolutionären Zeit vorbehalten[40], von dem er in extensiver Auslegung des Begriffs des politischen Vereins regen Gebrauch machte.[41] Die Rechtssituation trennte nicht nur zwischen einem öffentlichen und einem privaten Vereinsrecht, sondern war zudem bundesstaatlich zersplittert. z.b. erlangten Vereine in Sachsen die Rechtsfähigkeit mit Eintragung in ein Register; in Bayern, mit dem Akt der Registrierung, wenn sie keinen wirtschaftlichen Zweck verfolgten.[42] Als Beispiel für staatliche Eingriffe: Der der Frauenbewegung zuzurechnende und von der Gräfin Guilleaume-Schack/Berlin mitbegründete „Verein zur Vertretung der Interessen der Arbeiterinnen" wurde 1886 polizeilich aufgelöst.[43] Frauen war z.b. in Preußen die Mitgliedschaft in Vereinen versagt.[44] Die politische Brisanz der Rechtsdiskussion bis zur Verabschiedung des BGB im Jahre 1896 lag in der Forderung des Bürgertums zur selbständigen Wahrnehmung politischer Interessen und dem Vordringen der Arbeiterbewegung.[45] Eine öffentlich-rechtliche Eingriffsmöglichkeit fand sich dennoch nach wie vor in den nicht konsequent durchgehaltenen Normativbestimmungen zur Erlangung der Rechtsfähigkeit in den §§ 61 bis 63 a.F. BGB[46] Hierin kam der im Gesetzgebungsverfahren des Reichstages erzielte politische Kompromiss für den Verlust der staatlichen Konzessionierung von Vereinen, einem Einspruchsrecht des Staates gegen politische, sozialpolitische und religiöse Vereine zum Ausdruck. Erst mit Art. 124 Abs. 2 S. 2 WRV stand jedem Verein der Erwerb der Rechtsfähigkeit frei und war eine Versagung der Rechtsfähigkeit aus politischen, sozialpolitischen und religiösen

---

Verwaltung in: Schmoller, Gustav (Hrsg.), Schmollers Jahrbuch für Gesetzgebung, Verwaltung und Volkswirtschaft im Deutschen Reiche, 25. Jahrgang, 1901, S. 57 bis 138

[40] Albrecht, Carsten, Das Spannungsverhältnis zwischen dem privaten und öffentlichen Vereinsrecht in der Vergangenheit und Gegenwart, dargestellt am Erwerb der Rechtsfähigkeit, München, 1989, S. 44, 45

[41] von Zahn-Harnack, Agnes, Die Frauenbewegung -Geschichte, Probleme, Ziele-, Berlin, 1928, S. 276

[42] Reichert, Bernhard; van Look, Frank; Häuser, Franz, ebd., Rdnr. 21

[43] Neumann, Annemarie, Die Entwicklung der sozialistischen Frauenbewegung" in Schumacher, Hermann und Spiethoff, Arthur (Hrsg.), Schmollers Jahrbuch für Gesetzgebung, Verwaltung und Volkswirtschaft im Deutschen Reiche, 45. Jahrgang, 1921, S. 195 bis 257, S. 203

[44] Beavan, Doris und Faber, Brigitte, „Wir wollen unser Teil fordern", Interessenvertretung und Organisationsformen der bürgerlichen und proletarischen Frauenbewegung im deutschen Kaiserreich, Köln, 1987, S. 32

[45] Albrecht, Carsten, ebd., S. 52

[46] Albrecht, Carsten, ebd., S. 99

Gründen nicht mehr möglich.[47] Obgleich dieser Schritt erst durch Art. 1 Nr. 3 des Gesetzes zur Wiederherstellung der Gesetzeseinheit auf dem Gebiet des bürgerlichen Rechts vom 5. März 1953 mit Streichung der Worte „oder, wenn er einen politischen, sozialpolitischen oder religiösen Zweck verfolgt" in § 61 II BGB formell vollzogen wurde.[48]

2. Politische Bedeutung und wirtschaftliche Absicherung des Vereins

Der sozioökonomische Wandel[49] führte zu einer Neuorientierung der geschlechtsspezifischen Arbeitsteilung und hatte damit auch Auswirkungen auf die Stellung der Frau in der Öffentlichkeit.

a) Politische Bedeutung

Der Kampf der Frauenbewegung im Kaiserreich um eine wachsende öffentliche Verantwortung der Frau erlebte mit dem BGB vom 18. August 1896 einen Boom an Vereinsgründungen und eine Ausweitung des Forderungskatalogs. Waren es in der Zeit vor 1871 noch 78 neue Verbände oder Vereine der Frauenbewegung, betrug die Zahl in den Jahren 1891 bis 1900   281 und im Zeitraum 1901 bis 1908 gar 705 Neugründungen.[50]

Der Prozentsatz organisierter Frauen am Anteil der weiblichen Bevölkerung betrug 1909 bereits 5,4 % und erlangte damit allgemeine Bedeutung.[51]

Nunmehr mussten nicht nur die Parteien ihr Verhältnis zu den Frauen neu regeln[52] , sondern es war der Weg frei für eine weitgehend ohne staatliche Eingriffe stattfindende parteiunabhängige politische Arbeit und damit gesellschaftliche Einflussnahme gegen die Diskriminierung für die Gleichberechtigung der Frau. Also war der Verein als Organisationsform wichtigste Ausdrucksform der Frauenbewegung, insbesondere im Berufsleben. Nicht nur um ihre beruflichen Interessen und Rechte zu stärken, sondern auch um der dem sozio-ökonomischen Wandel überkommenen Familienpolitik der Weimarer Zeit entgegen zu wirken.

---

[47] Albrecht, Carsten, ebd., S. 106
[48] Albrecht, Carsten, ebd., S. 107
[49] Peukert, Detlev J.K., Die Weimarer Republik, Frankfurt, 1987, S. 101
[50] Lange, Helene und Bäumer, Gertrud (Hrsg.), Handbuch der Frauenbewegung, Die Geschichte der Frauenbewegung in den Kulturländern, Teil I, Berlin, 1901, S. 17
[51] Dölle, Gilla, die (un)heimliche macht des geldes, -finanzierungsstrategien der bürgerlichen frauenbewegung in deutschland zwischen 1865 und 1933-, Frankfurt a.M., 1997, S. 92, 94
[52] von Zahn-Harnack, Agnes, s. Fußnote 42, S. 297 bis 318

aa) Die Stellung der Frau in der Familienpolitik der Weimarer Republik

„Passivität, Emotionalität und Mütterlichkeit" waren die Ideale der Geschlechtscharaktere der Frau in der Familie des frühen 20. Jahrhunderts.[53]

Die Familienpolitik verfolgte ihre bevölkerungspolitischen Zielsetzungen in der Weimarer Zeit insbesondere in der Diskussion um den Geburtenrückgang nach dem Motto: „Nicht was dem Einzelindividuum nützt, sondern was der Familie als der Zelle des Volkes und Staates frommt, muss in allem entscheidend sein."[54] Das Preußische Ministerium des Innern führte in einer Schrift aus dem Jahre 1912 die sinkende Geburtenrate und die gestiegene Zahl der Abtreibungen auf die Berufstätigkeit der Frauen zurück und forderte eine 'Eindämmung der Frauenemanzipation'.[55] Obwohl dem wissenschaftlich ernstzunehmende Untersuchungen folgendermaßen widersprechen konnten: „Die Geburtenziffern allein sind eben zu irgendwelchen Urteilen über die Bevölkerungsentwicklung nicht zu gebrauchen."[56] „Gewiss beruht der Geburtenrückgang in der Hauptsache auf dem Willen der Eltern, d.h. auf ihrem Wunsch, nicht mehr als eine bestimmte Zahl von Kindern aufzuziehen, und auch darüber besteht wohl Übereinstimmung, dass dieser Wunsch mit dem Kulturstand einer Bevölkerung ziemlich allgemein in einem statistisch ungefähr erkennbaren Verhältnis steht. Insofern aber der Wunsch, eine 6., 5. oder auch 4. Geburt hintanzuhalten durch die Tatsache der Erhaltung der zuerst geboren Kinder und den infolgedessen bereits bestehenden größeren Umfang der Familie entstanden ist, und nur die früheren, jetzt nicht mehr nötigen „Ersatzkinder", die an Stelle der Gestorbenen traten, in Wegfall gekommen sind, stellt sich die bisherige Entwicklung nicht als das unaufhaltsame Hinab gleiten auf einer schiefen Ebene dar, als welches es in düsteren Farben ausgemalt zu werden pflegt."[57] 'Intellektualismus, Materialismus und Individualismus' wurden in der politischen öffentlichen Diskussion als Grund für die Gefährdung der Familie nicht nur genannt[58], sondern später zu Beginn der 1930-er Jahre mit gesellschaftlichen Wertvorstellungen in Verbindung gebracht: „Zusätzlich macht er noch geltend: Als eine weitere Ursache des Geburtenrückgangs wirkt die Frauenemanzipation insofern, als sie

---

53   Gestrich, Andreas, Geschichte der Familie im 19. und 20. Jahrhundert, München, 1999, S. 5, 6
54   Burgdörfer, Friedrich, Der Geburtenrückgang und die Zukunft des deutschen Volkes in: Kleine Schriften zur Bevölkerungspolitik, 4. Verbesserte Auflage, Berlin, 1929, S. 5 bis 24, S. 23
55   von Zahn-Harnack, Agnes, s. Fußnote 42, S. 89
56   Würzburger, Eugen, Der Geburtenrückgang und seine Statistik in: Schmoller, Gustav (Hrsg.), Schmollers Jahrbuch für Gesetzgebung, Verwaltung und Volkswirtschaft im Deutschen Reiche, 38. Jahrgang, 1914, Drittes Heft, München/Leipzig, S. 147 bis 175, S. 153
57   Würzburger, Eugen, ebd., S. 161
58   Jurczyk, Frauenarbeit und Frauenrolle. Zum Zusammenhang von Familienpolitik und Frauenerwerbstätigkeit in Deutschland von 1918-1975, Frankfurt/N.Y., 3. Auflage, 1978, S. 28 zitiert Friedrich Zahn 1918

zahlreiche Frauen von ihren generativen Aufgaben und Erziehungspflichten ablenkt und die sozial-ethische Wertung dieser Pflichten vermindert."[59]

b) Die wirtschaftliche Absicherung

Eine statistische Untersuchung des Kaiserlichen Statistischen Amtes aus dem Jahre 1909 ordnete bei 7690 Reichs-, Orts-, Landes- und Bezirks-Vereinen der deutschen Frauenbewegung die Frauenbewegung folgenden Gruppen zu: Allgemeinen Organisationen, so z.b. Dachverbänden (A), Berufsorganisationen (B), sozialen Organisationen, wie der deutsche Bund abstinenter Frauen (C), caritative Verbände (D), Frauenbildungsvereine (E) und (F) Politische Organisationen.[60] Den höchsten Anteil an dem Vermögensaufkommen besaßen die Berufsorganisationen (15,80 %), 12,4 Millionen DM, neben den caritativen Organisationen (76,2 %). Gleichzeitig stellten die Berufsorganisationen 40 % der Reichs-, 30 % der Landes- und der Bezirksvereine sowie 20 % der Ortsvereine. Ihr Aufkommen an den Gesamteinnahmen von 38,8 Millionen RM aller Frauenorganisationen betrug jedoch nur 5,4 %. Wird diese vom Kaiserlichen Statistischen Amt veröffentlichte Statistik bereinigt, z.B. durch das Herausnehmen des Vermögens der allgemeinen deutschen Pensionsanstalt für Lehrerinnen und Erzieherinnen beträgt das Aufkommen am Vermögen bei den Berufsorganisationen insgesamt 2.656.142 RM und verteilt sich zu 53,9 % aus Mitgliedsbeiträgen, zu 16 % aus Schenkungen und zu 30,1 % aus anderen Quellen (Zuschüssen, Sammlungen, Erlösen und Publikationsverkäufen). Es kann somit festgestellt werden, dass sich die weiblichen Berufsorganisationen zu einem sehr hohen Anteil aus Mitgliedsbeiträgen finanziert hat. Die Ausgabenstruktur wird zuvorderst von anderen Kosten (43,5 %), gefolgt von der Öffentlichkeitsarbeit (21,8 %) und den Verwaltungskosten (17,5 %) dominiert. Was andere Kosten beinhalten, kann nur in Abgrenzung zu den anderen weiteren Kategorien der Kostenstruktur sichtbar gemacht werden. Neben der Öffentlichkeitsarbeit, sind Ausgaben für Einrichtungen, d.h. für die Errichtung und Betreibung eigener Institutionen (Frauen- und Mädchenschulen, Kochschulen, Beratungsstellen etc.); Verwaltungskosten, d.h. Ausgaben für Miete, Heizung, Büromaterial, Porto und, als eigene Kategorie, Unterstützungsleistungen (für andere Vereine mit ähnlicher politischer Zielrichtung), genannt. Unterstützungsleistungen (6,7 %) fallen bei den Berufsorganisationen nicht nennenswert ins Gewicht. Der Anteil der Verwaltungskosten von

---

[59] Wolf, Julius in einer Besprechung des Buches von Roderich von Ungern-Sternberg, mit dem Titel: Die Ursachen des Geburtenrückgangs im europäischen Kulturkreis, 1932, Berlin in: Zeitschrift für Politik, 1933, 23. Band, Berlin, 1934, S. 61 bis 63, S. 63
[60] Dölle, Gilla, ebd., S. 95

unter 20 % lässt darauf schließen, dass die Berufsorganisationen vorrangig durch ehrenamtliche Mitarbeit getragen wurden. Die Öffentlichkeitsarbeit (Aufklärung, Stellenvermittlung als andere Kosten) nahmen den Hauptteil der Ausgaben in Höhe von 65,3 % ein. Die Verteilung der Einnahmen und Ausgaben auf die Reichs- Landes- und Ortsvereine zeigt, dass sowohl bei den Einnahmen, als auch bei den Ausgaben die Reichs- und die Ortsvereine in ihrer Höhe (zwischen 40 % bis 60 %) deutlich vor den Landesvereinen (ca. 5 %) überwiegen. Insgesamt lag das Verhältnis zwischen den Ausgaben und den Einnahmen bei 50 % zu 60 %, was auf ein sparsames Ausgabeverhalten schließen lässt.[61]

---

[61] Dölle, Gilla, ebd., S. 101 bis 104

B. JuristInnen

Juristinnen nahmen in der Weimarer Zeit nicht nur bildungspolitisch, sondern auch im Berufsleben eine besondere Stellung ein.

I. Das Bildungsziel JuristIn

Die Rechtslage ließ seit den Jahren 1908/1909 die fachlich uneingeschränkte Immatrikulation von weiblichen Studierenden an den Universitäten im Deutschen Reich zu.[62] Gleichwohl waren Frauen als Studierende nicht selbstverständlich. Z.B. in Preußen konnten gem. § 3 der Immatrikulationsordnung „Aus besonderen Gründen [..] mit Genehmigung des Ministers Frauen von der Teilnahme an einzelnen Vorlesungen ausgeschlossen werden."[63] Die Entwicklung der Studentinnenzahlen in der Weimarer Zeit im Deutschen Reich über alle Fächer hinweg spiegeln die längst überfällige rechtspolitische Entscheidung der Länderexekutive wider. In den Jahren 1908/1909 bis 1913/14: ist ein Anstieg von 225,6 %; in den Jahren 1913/14 bis 1918/19 von 92,8 % zu verzeichnen. Betrachtet man größere Zeiträume, von denen auch erwartet werden kann, dass die neue Bildungsmöglichkeit für Frauen auch mehrheitlich in der Bevölkerung bekannt und damit auch hinreichend in Anspruch genommen wird, so z.B. 1913/14 bis 1931, so ist ein Anstieg von 210,6 % zu verzeichnen; jedoch nach der nationalsozialistischen Machtergreifung im Jahre 1933/34 ein Absinken der weiblichen Studiennachfrage um 29,8 % nachweisbar.[64] Bei den männlichen Studierenden zeichnete sich in diesen Jahren folgendes Bild ab: 1908/09 bis 1913/1914, ein Anstieg von 28,87 %; 1913/14 bis 1918/19, ein Anstieg von 11,56% und für den Zeitraum 1918/19 bis 1931 ein Ansteigen um 72,91%, um nach der nationalsozialistischen Machtergreifung um 21,27% abzusinken.[65] Werden jedoch die Gesamtzahl der Studierenden dieser Zeiträume des Deutschen Reichs in das Verhältnis zu ihrem weiblichen Anteil gesetzt, ergibt sich folgendes Bild: Der Anteil weiblicher Studierender betrug in den Jahren 1908/09 gerade einmal 2,36 %; in den Jahren 1913/14: 5,77 %; 1918/19: 9,58 %, um bis zum Jahr 1931 auf 16,0 % anzusteigen und um im

---

[62] Boedeker, Elisabeth, 25 Jahre Frauenstudium, Hannover, 1939, S. XXXIX bis XLII
[63] Boedeker, Elisabeth, s. Fußnote 63, S. XLI
[64] Berechnungen der Verfasserin anhand der bei Boedeker, Elisabeth, s. Fußnote 63, S. L ausgewiesenen Zahlen
[65] Berechnungen der Verfasserin anhand der bei Boedeker, Elisabeth, s. Fußnote 63, S. L ausgewiesenen Zahlen

Jahreswechsel 1933/34 auf 14,51 % abzusinken.[66] Die Fächerwahl der weiblichen Studierenden erstreckte sich vornehmlich auf die Medizin und die Philologien.[67]

Für den Zeitraum der stärksten Zunahme der weiblichen Studiennachfrage (1918/19 bis 1931), respektive für das Jahr 1925, liegt eine statistische Erhebung über die soziale Gliederung von Studentinnen an preußischen

Hochschulen vor.[68] Zunächst einmal finden sich die bereits dargelegten Ausführungen über die weibliche Studienentwicklung auch für die Preußischen Hochschulen bestätigt. Der Anteil der weiblichen Studierenden im Jahr 1925 an der Gesamtzahl der Studierenden aller preußischer Hochschulen betrug 11,58 %.[69] Im nachfolgenden soll nur spezifisch auf die Rechtswissenschaft eingegangen werden. Die Zahlen vermitteln jedoch insofern ein eingeschränkt exaktes Bild, als die juristischen Fakultäten der 12 Preußischen Hochschulen in Breslau, Göttingen, Greifswald, Halle, Kiel, Königsberg und Münster unter Aufnahme wirtschaftswissenschaftlicher Disziplinen in Rechts- und Staatswissenschaftliche Fakultäten überführt worden waren und in Frankfurt und Köln eine Wirtschafts- und Sozialwissenschaftliche Fakultät bestand;[70] die beiden letzteren Fakultätsarten somit auch Zahlenmaterial über die Wirtschafts- und Sozialwissenschaften mit einbeziehen. Hiernach ergibt sich folgendes Bild: Die wirtschafts- und sozialwissenschaftlichen Fakultäten zeichnen sich durch den höchsten Anteil weiblicher Studierender (9,16 %), gegenüber 3,21 % weiblicher Studierender der Rechts- und Staatswissenschaftlichen Fakultäten und 2,93 % der rein juristischen Fakultäten aus.[71] Im Vergleich zu anderen wissenschaftlichen Disziplinen weisen die philosophischen Fakultäten den stärksten Prozentsatz aus (20,74 %);[72] was auf die Vorbereitung einer Berufsausübung als Lehrerin zurückgeführt wird.[73] Alle an den preußischen Hochschulen weiblichen Studierenden weisen hinsichtlich ihres sozialen Ziels wenig Unterschiede aus. Die Staats- bzw. Abschluss- bzw. Diplomprüfung ist vorderstes Studienabschlussziel und bringt damit den ausdrücklichen Wunsch nach einem Berufseinsatz zum Ausdruck. Eine differenzierte Betrachtung des Berufsziels in Hinblick auf die

---

[66] Berechnungen der Verfasserin anhand der bei Boedeker, Elisabeth, s. Fußnote 63, S. L ausgewiesenen Zahlen
[67] Boedeker, Elisabeth, s. Fußnote 63, S. XLIX
[68] Goetz, Leop. Karl, Soziale Gliederung der Studentinnen auf den Preußischen Hochschulen in: Die Frau, 33. Jahrgang, Heft 9, Juni 1926, S. 536 bis 545
[69] Berechnungen der Verfasserin anhand der bei Goetz, Leop. Karl, s. Fußnote 69, S. 536 vorgefundenen Zahlen
[70] Goetz, Leop. Karl, s. Fußnote 69, S. 536, 539
[71] Berechnungen der Verfasserin anhand der bei Goetz, Leop. Karl, s. Fußnote 69, S. 539 vorgefundenen Zahlen
[72] Berechnungen der Verfasserin anhand der bei Goetz, Leop. Karl, s. Fußnote 69, S. 540 vorgefundenen Zahlen
[73] Goetz, Leop. Karl, s. Fußnote 69, S. 540

gewünschte Berufsstellung verdeutlicht jedoch die realistische Einschätzung über eigene Berufsmöglichkeiten der Absolventinnen der damaligen Zeit. Juristinnen und Ökonominnen, einschließlich Kauffrauen, wollen nur 130 Akademikerinnen werden, gegenüber 468 ärztlichen Berufseinsatzwünschen und 1512 Lehrerinnen.[74] Die Zahlen spiegeln damit auch ein Stück weit die Verankerung der sozialen Rolle der Frau und damit auch den Einfluss der Familienpolitik der vor Weimaraner und der Weimaraner Zeit wider. Die soziale Herkunft der Studierenden der Rechts- und Staatswissenschaftlichen Fakultäten Preußens rekrutiert sich vorwiegend aus der Schicht höherer Beamten; die Handels- und gewerbetreibende Vätergruppe findet sich in den Studentinnen der Volkswirtschaft; die des mittleren Beamten bei den Studentinnen in den Wirtschafts- und Sozialwissenschaftlichen Fakultäten.[75]

Die Studienmotivation weiblicher Studierender war nicht nur die höhere Bildung, wie dies in einer Verlautbarung einer Studentin der Rechtswissenschaften zum Ausdruck kommt: „Die wissenschaftliche Schulung erzieht den Menschen dazu, die mannigfaltigen Erscheinungen des Lebens und der Gesellschaft objektiv zu beurteilen. Durch die Bildung wird der Mensch fähig, aufbauend mitzuarbeiten im Kulturstaat. In dieser Richtung, hoffe ich, wird auch mein späterer Beruf liegen."[76] Die Studentin begreift ihre spätere berufliche Tätigkeit nicht als Norm- oder schlichte Rechtsanwendung, sondern als Beitrag bzw. Mitarbeit „im Kulturstaat". In diesem studentischen Selbstverständnis findet sich auch die bereits im Jahre 1917 publizierte Beobachtung der Frauenbewegung vom Typenwandel der studierenden Frau wieder: „die Gesetze der Kulturentwicklung, welche die Frau aus der Harmonie und E n g e eines einheitlich weiblich gerichteten Daseins herausreißt und zur Verknüpfung verschiedenartiger Aufgaben und Wertsphären nötigt, nun einmal unwiderruflich sind, und wir sie auch wenn wir wollten nicht auslöschen könnten von den Tafeln der Geschichte."[77] Damit ist die häufig vorkommende Sichtweise in Publikationen, so leider auch in der Publikation des deutschen Juristinnenbundes[78], es sei der Frauenbewegung vorrangig um die Beseitigung eines Bildungsdefizits gegangen, ausdrücklich widerlegt. In der oben ausgewiesenen Verlautbarung der Studierenden ist auch der Einfluss des damals von einigen Rechtswissenschaftlern proklamierten Paradigmenwechsels, weg von einer

---

[74] Addition der Verfasserin anhand der bei Goetz, Leop. Karl, s. Fußnote 69, S. 542 bis 543 vorgefundenen Zahlen
[75] Goetz, Leop. Karl, s. Fußnote 69, S. 543
[76] Boedeker, Elisabeth, s. Fußnote 63, S. XLVIII
[77] Weber, Marianne, Vom Typenwandel der studierenden Frau in: Weber, Marianne, Frauenfragen und Frauengedanken -Gesammelte Aufsätze-, Tübingen, 1919, S. 179 bis 201, S. 197
[78] Deutscher Juristinnenbund (Hrsg.), s. Fußnote 2, S. 11

reinen Norm-, hin zu einer Rechtswissenschaft als Kulturwissenschaft, spürbar.[79]

Leider, wie so häufig, fand dieser progressive wissenschaftliche Ansatz nicht Eingang in die damalige Studienreformdiskussion der Weimarer Zeit. Geschweige denn, wurde die Tatsache von Studentinnen in der Rechtswissenschaft und ihre Studienmotivation für die damalige Reformdiskussion als erörterungsbedürftig begriffen.[80] Nicht nur die verschiedenen Reformansätze, sondern auch die Vorstellungen über die Ziele weiblicher juristischer Bildung mussten ausweislich der von Otto von Zwiedineck anlässlich der feierlichen Proklamation der Akademie für Deutsches Recht am 02. Oktober 1933 gehaltenen Rede ihr Ende finden. Diese Rede brachte zum Ausdruck, „dass die Akademie die Wege weist, um das positive Recht und die Rechtsprechung dem Volksempfinden so nahe wie möglich zu bringen."[81]

1. Die Erste und Zweite Staatsprüfung und die Promotion

Den Absolventinnen eines rechtswissenschaftlichen Studiums blieb zunächst die 1. und 2. Staatsprüfung versagt.[82] Als herausragende Initiative muss daher das Engagement des Staatsministers Dr. von Hentig gesehen werden. Unter der Schirmherrschaft der Kaiserin richtete er als Vorsitzender des Kuratoriums des Viktoria-Studienhauses „Praktische Kurse für Juristinnen" ein, in denen zwei hervorragende Richter und ein gesuchter Rechtsanwalt studierenden und studierten Juristinnen in Ergänzung der Universitätsstudien durch Vorlesungen und Übungen diejenigen Gebiete des geltenden Rechts und die Geschäftsformen für die eigentliche Rechtsübung veranschaulichten, deren Beherrschung den [..] Berufsstellungen am wichtigsten erscheint [..] weil der

---

[79] Eine Darstellung des Streit zu jener Zeit zwischen Kantorowicz, Laski und Radbruch findet sich in einer Darstellung und Kritik von Hans Kelsen, Die Rechtswissenschaft als Norm- oder als Kulturwissenschaft -Eine methodenkritische Untersuchung- in Schmoller, Gustav (Hrsg.), Schmollers Jahrbuch für Gesetzgebung, Verwaltung und Volkswirtschaft im Deutschen Reiche, 40. Jahrgang, Drittes Heft, München, Leipzig, 1916, S. 95 bis 153, S. 139 bis 153

[80] Schumacher, Hermann, Zur Reform der staatswissenschaftlichen Studien, in: Schumacher, Hermann und Spiethoff, Arthur (Hrsg.), Schmollers Jahrbuch für Gesetzgebung, Verwaltung und Volkswirtschaft im Deutschen Reiche, 44. Jahrgang, München/Leipzig, 1920, S. 949 bis 980, S. 972 bis 975; Zitelmann, Ernst, Die Vorbildung der Volkswirte und der Juristen -Leitsätze und Vorschläge- in: ebd., 45. Jahrgang, München/Leipzig, 1921, S. 305 bis 311; Heymann, Ernst, Die juristische Studienreform in: ebd., 46. Jahrgang, München/Leipzig, 1922, S. 109 bis 161; Bruck, W.F., Zur Reform des Bildungswesens der Juristen und Volkswirte in: Spiethoff, Arthur (Hrsg.), Schmollers Jahrbuch für Gesetzgebung, Verwaltung und Volkswirtschaft im Deutschen Reiche, 52. Jahrgang, München/Leipzig, 1928, S. 61 bis 75

[81] von Zwiedineck, Otto, Recht und Wirtschaft (erweiterte Fassung einer bei der feierlichen Proklamation der Akademie für Deutsches Recht am 2.10.1933 in Leipzig gehaltenen Rede in: Spiethoff, Arthur (Hrsg.), Schmollers Jahrbuch für Gesetzgebung, Verwaltung und Volkswirtschaft im Deutschen Reiche, 57. Jahrgang, Reprint Bad Feilnbach, 1933/1990, S. 779 bis 793, S. 793; vgl. auch die Ankündigung des Reichsgeschäftsführers des Bundes Nationalsozialistischer Deutscher Juristen, Oberregierungsrat Schraut, Berlin zur Eröffnung der Akademie für Deutsches Recht in: Juristische Wochenschrift, 62. Jahrgang, 1933, Heft 38/39, S. 2092 bis 2093

[82] Deutscher Juristinnenbund (Hrsg.), s. Fußnote 2, S. 12

Staat die hierzu notwendige praktische Ausbildung im Rahmen seiner Einrichtungen versagte." Er stellt fest: „Bei allen diesen Arbeiten stehen nach dem Zeugnis ihrer Lehrer die Juristinnen im Verständnis hinter ihren männlichen Kollegen nicht zurück, im Eifer für ihr, meist aus wirklicher Neigung erwähltes Studium und für ihre Ausbildung sind sie den Männern teilweise überlegen. Sie erfassen auch schwierige praktische Fragen und scheuen vor dem Durchdringen abstrakter Probleme nicht zurück."[83]

Sofern das Bildungsziel Juristin mit dem Wunsch einer Promotion verbunden war, blieb der Juristin die Mitwirkung an der weiterführenden wissenschaftlichen Leistung und damit an der Entwicklung der rechtswissenschaftlichen Fachdisziplinen versagt. Bis zum Jahr 1908 war eine Promotion, unabhängig vom wissenschaftlichen Fach, nur im Ausland, vornehmlich in der Schweiz, möglich. Aus dieser Zeit sind gerade einmal 2 rechtswissenschaftliche Dissertationen nachgewiesen.[84] Von den insgesamt 42 erteilten Ehrenpromotionen in einer Zeitspanne von 200 Jahren (1733 bis 1933) entfielen lediglich 4 auf Rechtswissenschaftlerinnen (Marianne Weber, der Frau des Rechtssoziologen Max Weber, Frau Camilla Jellinek, Frau Beatrice Webb und Frau Elsa Brandstroem).[85] Die statistischen Zahlen weiblicher Promotionen für die Zeit zwischen 1908 bis1933 belegen einen Anteil der Rechtswissenschaftlerinnen in Höhe von 11,53 %, gegenüber dem Anteil von Sprach-, Literatur-, Kunst-, Musik- und Erziehungswissenschaftlerinnen sowie diesen verwandten Fächern (Philosophie, Geschichte und Religionswissenschaft) in Höhe von 48,58 %; gegenüber den Naturwissenschaftlerinnen in Höhe von 39,59 %.[86] Ein deutliches Gefälle !

2. Die Habilitation

Mit dem Erlass des Preußischen Ministers für Wissenschaft, Kunst und Volksbildung vom 21. Februar 1920[87] war erstmals die Habilitation von Frauen möglich gemacht worden. In den folgenden von der Verfasserin ermittelten Ergebnissen sind diejenigen Frauen nicht mitgezählt worden, die trotz späterer Berufung zur Professorin in der Weimarer Zeit nicht habilitieren konnten. In der Zeit zwischen 1920 und 1933 habilitierten in der Rechtswissenschaft 2 Wissenschaftlerinnen (Schoch, Magdalena und

---

[83] Dr. von Hentig, Das Rechtsstudium der Frau und seine Verwertung in: Juristische Wochenschrift, 46. Jahrgang, 1917, Heft 14, S. 844
[84] Boedeker, Elisabeth, s. Fußnote 63, S. LIX bis LXX
[85] Boedeker, Elisabeth, s. Fußnote 63, S. LXXXI bis LXXXV
[86] Nähere Auswertung der Verfasserin anhand der Quelle: Boedeker, Elisabeth, siehe Fußnote 63, Tafel 1, S. LXXII
[87] Boedeker, Elisabeth und Meyer-Plath, Maria, 50 Jahre Habilitation von Frauen in Deutschland - Eine Dokumentation von 1920-1970, Göttingen, 1974, S. 5

Gerda Krüger).[88] Für diesen Zeitraum stehen 32 Habilitationen der Philosophischen und der Wirtschafts- und Sozialwissenschaftlichen Fakultäten gegenüber (Archäologie: 1; Geschichte: 2; Kunstwissenschaft: 1; Orientalistik: 2; Pädagogik: 2; Philosophie: 1; Psychologie: 5; Sprach- und Literaturwissenschaft: 8; Wirtschafts- und Sozialwissenschaften: 8; und der Naturwissenschaften in Höhe von 23 (Biologie: 13, Chemie: 2, Geographie 1, Mathematik: 2, Mineralogie und Petrographie: 1, Physik: 4).[89] Die Zahlen bedürfen insofern einer neueren Überprüfung, weil zum Zeitpunkt der Veröffentlichung von Frau Boedeker (1974) das Archivmaterial der ehemaligen DDR noch nicht umfassend zur Verfügung stand. Die Zahlen geben dennoch auch hier einen Einblick in das zwischen den rechtswissenschaftlichen und den philosophischen bzw. Wirtschafts- und sozialwissenschaftlichen Fakultäten bestehenden zahlenmäßigen Unterschiede.

II. Der Berufseinsatz der JuristIn in der Weimarer Republik

Die juristische Berufspraxis blieb vorwiegend Männerdomäne. Auf der Grundlage derzeit zur Verfügung stehender Statistik aus jener Zeit wird festgestellt: 1914 waren 100 Nationalökonominnen und 45 Juristinnen, freiberuflich, in der Kommunalverwaltung oder in Rechtsschutzstellen tätig.[90] Die gesellschaftlich propagierte Berufsrolle der Frau als Erzieherin und Kulturschaffende blieb zur damaligen Zeit auch in der beruflichen Tätigkeit vorherrschend, denn 1914 gab es gegenüber der Zahl weiblicher Juristinnen ca. 500 Ärztinnen, darunter sogar eine Polizeiärztin und 100 Zahnärztinnen; 13 öffentliche und 186 private Lyzeen hatten weibliche Direktorinnen.[91] Alle Zahlen waren zudem durch die Kriegsjahre verursacht.[92] Die wissenschaftliche Laufbahn blieb für die promovierte Rechtswissenschaftlerin eine Ausnahme. Die seit 1923 eröffnete Berufung von Professorinnen, erfolgte vorwiegend in Natur- und erziehungswissenschaftlichen Fachdisziplinen.[93] In den Jahren 1919 bis 1932 waren unter den 58 universitären Dozentinnen mit venia legendi nur drei Rechtswissenschaft-

---

[88] Addition der Verfasserin anhand der von Boedeker, Elisabeth und Meyer-Plath, Maria, s. Fußnote 88, auf den Seiten 191 bis 194, 333-336 ermittelten Fälle

[89] Addition der Verfasserin anhand der von Boedeker, Elisabeth und Meyer-Plath, Maria, s. Fußnote 88, auf den Seiten 15 bis 18, 63 bis 74, 77 bis 82, 87 bis 88, 143 bis 160, 165 bis 172, 179 bis 236, 243 bis 268, 289 bis 290, 293 bis 296, 319 bis 328, 331 bis 346, 351 bis 358 ermittelten Fälle

[90] Altmann-Gottheiner, Elisabeth, Die deutsche Frau im Jahre 1917/18 in: Altmann-Gottheiner, Elisabeth (Hrsg.), Jahrbuch des Bundes Deutscher Frauenvereine, Berlin, 1919, S. 5 bis 13, S. 9

[91] Altmann-Gottheiner, Elisabeth, s. Fußnote 91, S. 7, 8

[92] Altmann-Gottheiner, Elisabeth (Hrsg.), s. Fußnote 91, S. 5

[93] Resümee der Verfasserin anhand der von Boedeker, Elisabeth, s. Fußnote 63, S. XLIV und XLV ausgewiesenen Fälle

lerinnen.[94] Nicht nur die Aufrufe der Frauenbewegung für einen beruflichen Einsatz von Frauen als Organ der Rechtspflege (siehe folgende Seite), ob als Schöffin, Richterin oder Anwältin, blieben ungehört. Erst recht der Entwurf zur Abänderung des Gerichtsverfassungsgesetzes erfuhr zunächst in der führenden Richterschaft scharfe Kritik[95] Nachdem einzelne Autoren der führenden Richterschaft in ihren Ausführungen entweder auf den „Unterschied [..] in der menschlichen Natur [..] zwischen Mann und Weib" hinwiesen, dem nicht „völlig gleichen Rechten auch völlig gleiche Pflichten entsprechen müssten [..] sowohl der geringeren körperlichen Kraft des Weibes als auch seines anders gearteten Geschlechtlebens wegen nicht."[96]; oder an die „Loslösung der Frau von ihrem eigentlichen Berufe als Hausfrau und Mutter"[97] anknüpften; gar zu erkennen meinten, dass „das Vertrauen der Bevölkerung zur Rechtsprechung [..] vereitelt [würde], wenn sich Männer der Urteilsgewalt der Frauen unterwerfen müßten."[98], mündete das Motto „Psychische Eignung der Frau."[99] mit der Begründung „eine schwere Gefährdung des Ansehens der Gerichte"[100] verhindern zu wollen, in einen Beschluss gegen die Frau als Richterin ein. Der Deutsche Anwaltsverein sprach sich ein Jahr später ebenfalls gegen eine Beschäftigung der Frau in der Anwaltschaft aus, weil „Ihre Zulassung [..]zu einer Schädigung der Rechtspflege führen und [..] aus diesem Grunde abzulehnen" ist.[101] Also hatte das auf einen Entwurf des Reichsjustizministers Radbruch beruhende[102] Gesetz über die Zulassung von Frauen zu den Ämtern und Berufen der Rechtspflege (Richter und Staatsanwälte) im DR vom 11. Juli

---

[94] Resümee der Verfasserin anhand der von Boedeker, Elisabeth, s. Fußnote 63, S. LXXV bis LXXX ausgewiesenen Fälle

[95] Landrichter Böger, Sind Frauen zur Mitwirkung in der Rechtspflege zuzulassen? In: DRiZ, 11. Jahrgang, 1919, Heft 15/16, S. 257 bis 261; Landgerichtspräsident de Niem, Weibliche Richter? in: DRiZ, 11. Jahrgang, 1919, Heft 19/29, S. 320 bis 325; Landgerichtspräsident de Niem, Die Frauengerichte nach dem Entwurf zur Abänderung des Gerichtsverfassungsgesetzes in: DRiZ, 12. Jahrgang, 1920, Heft 7/8, S. 106 bis 110; Berichterstatter des 4. Richtertages Landgerichtsdirektor Stadelmann, Die Zulassung der Frau zum Richteramt in: DRiZ 1921, S. 196 bis 206; Sigrun von Hasseln, Die Zulassung der Frau zum Richteramt -Thema des Vierten Richtertages 1921- in: DRiZ 1984, S.12-15

[96] Landgerichtspräsident de Niem, Weibliche Richter? In DRiZ 11. Jahrgang, 1919, Heft 19/20, S. 320 bis 325, S. 322

[97] Landgerichtspräsident de Niem, Die Frauengerichte nach dem Entwurf zur Abänderung des Gerichtsverfassungsgesetzes in: DRiZ, 12. Jahrgang, 1920, Heft 7/8, S. 106 bis 110, S. 106;

[98] Landrichter Böger, Sind die Frauen zur Mitwirkung in der Rechtspflege zuzulassen? in: DRiZ, 11. Jahrgang, 1919, Heft 15/16, S. 257 bis 261, S. 261;

[99] Berichterstatter des 4. Richtertages Landgerichtsdirektor Stadelmann, Die Zulassung der Frau zum Richteramt in: DRiZ 1921, 13. Jahrgang, Heft 7, S. 196 bis 206, S. 199;

[100] s. Fußnote 100, S. 201

[101] Verhandlungen der 14. Vertreterversammlung des Deutschen Anwaltsvereins am Sonnabend, den 28. und Sonntag, den 29. Januar 1922 zu Braunschweig in JW 1922, S. 1241 bis 1267, S. 1247 bis 1255, insbesondere S. 1255

[102] v. Erffa, Margarethe, Die Frau als Rechtsanwalt in: Schmidt-Beil, Ada, Die Kultur der Frau, Berlin-Frohnau, 1931, S. 205 bis 211, S. 209

1922 (RGBl. 1922 Teil I, S. 573) den beruflichen Einsatz von Frauen in der Rechtspflege nicht zwangsläufig zur Folge. Zumal die Zulassung durch eine „Kann"-
Bestimmung dem Entscheider Ermessen einräumte (Art.1 d. og. Gesetzes). Als erste
Rechtsanwältin d. DRs wurden 1922 Dr. Maria Otto in München, 1925 in Preußen
Margarete Berent, als erste Gerichtsassessorin des DRs 1924 Dr. Marie Munk zugelassen.[103] Die Berufstätigkeit der Akademikerinnen in den Rechtswissenschaften erstreckte sich 1925 auf 55 Rechtsanwältinnen und Notare[104] und damit vorwiegend auf den
selbständigen Tätigkeitsbereich. Das Statistische Jahrbuch für das Deutsche Reich
weist für das Jahr 1925 insgesamt 13.578 tätige Rechtsanwälte aus.[105] Damit betrug
der Anteil an weiblichen Rechtsanwälten im Deutschen Reich gerade einmal 0,4 %.
Richterinnen und Staatsanwältinnen waren noch nicht vorhanden.[106] 1933 betrug die
Zahl der Richterinnen und Staatsanwältinnen 36 und die Zahl der Rechtsanwältinnen
251 [107], somit lediglich 14,34 % gegenüber einer freiberuflichen Tätigkeit. Gleichzeitig
blieb z.B. in Hamburg den Juristinnen das Richteramt noch im Jahre 1929 und selbst
im Jahre 1932 die Festanstellung als Richterin versagt.[108] Im Landesverwaltungsbereich Hamburgs waren zu Beginn des Frühjahrs 1928 lediglich 5 Juristinnen, 2 davon
als Assessorinnen, beschäftigt.[109] Der Anteil der weiblichen Rechtsanwälte an der
statistisch veröffentlichten Gesamtzahl der im Jahre 1933 tätigen Rechtsanwälte des
Deutschen Reiches[110] betrug 1,3 %.

1. Die Auswirkungen der Depression 1929

Die Depression von 1929 führte zur Stigmatisierung berufstätiger Frauen als 'Zusatz-
verdienerinnen'. Dies fand auch in der Arbeitsmarktsituation gebildeter Frauen seinen
Ausdruck in verstärkter Konkurrenz zwischen männlichen und weiblichen Erwerbstä-
tigen, und setzte sich, so z.B. bei Lehrern und Lehrerinnen, in einer entsprechenden
Öffentlichkeitsarbeit der Berufsverbände fort.[111] Aus einem „Eroberungskampf" wurde

---

[103] v. Erffa, Margarethe, ebd., S. 209; Berliner Gedenkbuchdatenbank im L.-archiv Berlin
[104] Boedeker, Elisabeth, s. Fußnote 63, S. LI
[105] Statistisches Reichsamt (Hrsg.), Statistisches Jahrbuch für das Deutsche Reich, 45. Jahrgang, Berlin,
       1926, Justizwesen, S. 436
[106] Ermittlung der Verfasserin anhand der von Boedeker, Elisabeth, s. Fußnote 63, S. LI ausgewiesenen
       Fälle
[107] Boedeker, Elisabeth, s. Fußnote 63, S. LI
[108] Deutscher Juristinnenbund (Hrsg.), s. Fußnote 1, Anhang Nr. 14 bis 16 und 22
[109] Landesarchiv Berlin, B Rep. 235-01 Bund Deutscher Frauenvereine (BDF) MF.-Nr. 2175
[110] Statistisches Reichsamt (Hrsg.), Statistisches Jahrbuch für das Deutsche Reich, 52. Jahrgang, Berlin,
       1933, Justizwesen, S. 530
[111] von Zahn-Harnack, Agnes, s. Fußnote 42, S. 204, 206

ein „Behauptungskampf"[112], obwohl im Jahre 1926 34 % der weiblichen Erwerbstäti-
gen als mithelfende Familienangehörige[113] tätig und 1931 auf der Grundlage der
Berufszählung des Jahres 1925 die Aussage Gültigkeit hatte, dass gerade mal „2,3
%."[114] der Angestelltinnen und Beamtinnen als wirkliche Doppelverdienerinnen
bezeichnet werden konnten. Die berufliche Diskriminierung der im Richteramt oder
als Staatsanwalt tätigen Juristin war eng mit den beamtenrechtlichen Bestimmungen
verknüpft. Im Kommunal- und Landesverwaltungsbereich war dem Staat mit Art. 14
der Personalabbauverordnung[115] und späterhin mit dem Gesetz über die Rechtsstellung der weiblichen Beamten vom 30. Mai 1932[116] die Kündigung verheirateter
Beamtinnen im Ermessen der Anstellungsbehörde eröffnet, wenn der Unterhalt der zu
Kündigenden gesichert war. Begleitet wurde diese Rechtslage durch weitere diskrimi-
nierende Sonderbestimmungen, wie z.B. die Verbeamtung erst ab einem Lebensalter
von 35 Jahren. In späteren Jahren wurde das Ermessen durch die gebundene Entscheidung ersetzt und damit die Rechtssituation verschärft.[117] Der Einsatz von Publikationen zur Aufklärung der betroffenen Frauen über den mit diesen gesetzlichen Regelungen von Seiten der Frauenbewegung propagierten verfassungswidrigen Eingriff in die
Rechte der Frauen[118] blieb weitgehend erfolglos. Die Berufsverbände konzentrierten
sich auf den umfassenden Widerstand gegen die Durchsetzung dieser zwangsweisen
Entlassung von Angestelltinnen und Beamtinnen.[119] Schlossen jedoch nach der
Rechtslage im Einzelfall ein Aushandeln über die Zahlung von Abfindungen in diesen
Fällen nicht aus.[120] Der Erhalt des Arbeitsplatzes war offensichtlich schwer durchsetz-
bar. Zudem war die Zahlung einer Abfindungssumme mit dem Verlust des Ruhege-

---

[112] Höber, Elfriede, Abbau der Doppelverdiener in: Die Frau, 38. Jahrgang, Heft 5, Februar 1931,
S. 277 bis 280, S. 280
[113] Weber, Marianne, Die soziale Not der berufstätigen Frau in: Schriftenreihe des Gewerkschaftsbundes -GDA-Schrift Nr. 43, Die soziale Not der weiblichen Angestellten, Berlin=Zehlendorf, 1928,
S. 5 bis 15, S. 9
[114] Höber, Elfriede, ebd., S. 279
[115] Reichspersonalabbauverordnung vom 27.10.1923, RGBl. Teil I, S. 999
[116] RGBl I, S. 245 bis 246
[117] Durchführungsbestimmungen zum Gesetz über die Rechtsstellung der weiblichen Beamten in
Amtsblatt des Reichspostministeriums, Nr. 51, Berlin, 7.6.1932, S. 234 ff.
[118] Lüders, Marie-Elisabeth, Frauenberufsarbeit und Arbeitslosigkeit I. Die Beamtin als Doppelverdie-
nerin in: Die Frau, 38. Jahrgang, Heft 5, Februar 1931, S. 274 bis 277
[119] Landesarchiv Berlin, B Rep. 235-05 Deutscher Akademikerinnenbund (DAB) MF.-Nr. 3629-3637
[120] Unterlagen der Arbeitsgemeinschaft im Bunde Deutscher Berufsorganisationen aus dem Jahre 1928
über eine Sitzung vom 08. September 1928 anlässlich eines bevorstehenden
Gesprächs im Reichsinnenministerium; Wortmeldung von Frau Dr. jur. M. Berent auf Seite 4 des
Protokolls vom 19.9.1928, in: Landesarchiv Berlin, B Rep. 235-01 Bund Deutscher Frauenvereine
(BDF) MF.-Nr. 2180

halts verbunden.[121] In den Folgejahren der Naziherrschaft wurde der Zugang zum Richterberuf oder zum Beruf des Staatsanwalts den Frauen durch einen Erlass des Reichsministers der Justiz an die Oberlandesgerichtspräsidenten und Generalstaatsanwälten vom 17.9.1935 gänzlich verschlossen und für die bereits vorhandenen Gerichtsassessorinnen mit Erlass des Reichsjustizministeriums vom 1.2.1937 eine Verwendung in der mittleren Beamtenlaufbahn vorgesehen.[122] Damit eröffnete sich für die bis zu diesem Zeitpunkt bereits tätig gewesene Juristinnen ein nicht endend wollender Kreislauf beamtenrechtlicher und arbeitsrechtlicher Diskriminierung, weil in dem neuen Dienstverhältnis auf die beamten- und arbeitsrechtlichen Bestimmungen Bezug genommen werden konnte. Gleichzeitig war mit der Verhinderung der Zulassung von Rechtsanwältinnen die Verwirklichung des politischen Ziels, eine neue Existenz eines männlichen Anwärters zu schaffen, nicht nur angesichts des in Kapitel D, Ziffer II. dargestellten Zahlenverhältnisses von weiblichen gegenüber männlichen Rechtsanwälten, zweifelhaft. Diese Erkenntnis, bezogen auf die freiberufliche Tätigkeit von Frauen, wurde in den Publikationsorganen der Frauenbewegung der damaligen Zeit konstatiert.[123] Vielmehr stand diese Rechtspraxis im Widerspruch zu der in Art. 3 des ersten Gesetzes zur Überleitung der Rechtspflege auf das Reich vom 16. Februar 1934 (RGBl. Teil I, S. 26) enthaltenen Bestimmung über den sich aus der Richteramtsbefähigung ergebenden Zulassungsanspruch zur Rechtsanwaltschaft. Dennoch wurden seit dem Jahre 1936 keine Rechtsanwältinnen mehr zugelassen.[124]

2. Die Sozialleistungen in der Weimarer Republik

Infolge der wirtschaftlichen Entwicklung verlor die Erwerbsfürsorge ihre soziale Ausgleichsfunktion. Aufgrund einer „scharfen Bedürfnisprüfung" erhielten 1922 bereits 150.000 Erwerbslose keine finanzielle Unterstützung.[125] Frauen erhielten aufgrund ihres Personenstands oder ihres Alters von unter 21 Jahren keine Arbeitslosenunterstützung oder, wenn sie sie überhaupt erhielten, nur im Umfang von einem Drittel des männlichen Leistungsanspruches.[126] Die Einführung der Arbeitslosenversicherung auf Betreiben der durch die Erwerbslosenfürsorge finanziell angeschlagenen

---

[121] Art. 14 Abs. 3 der PAVO in der Änderungsfassung vom 28.1.1924, RGBl. Teil IV, S. 14 sowie das Gesetz über die Einstellung des Personalabbaus und der Änderung der PAVO vom 4.8.1925, RGBl. Teil I, S. 181
[122] Deutscher Juristinnenbund (Hrsg.), s. Fußnote 1, S. 18, 19
[123] Höber, Elfriede, ebd., S. 279
[124] Deutscher Juristinnenbund (Hrsg.), s. Fußnote 1, S. 16
[125] Lewek, Peter, Arbeitslosigkeit und Arbeitslosenversicherung in der Weimarer Republik 1918-1927, Stuttgart, 1992, S. 136, 139
[126] Jurczyk, Karin, ebd., S. 36

Kommunen vermochte an der Haushaltslage der Weimarer Republik nichts mehr zu ändern.[127] Aus der Begrenzung des Kreises der Versicherungspflichtigen im Angestelltenbereich und aus der Möglichkeit einer Pflichtversicherungsbefreiung ging die mit dem Gesetzesvorhaben angestrebte Verteilung des sozialen Risikos leer aus.[128] Freiberuflich Tätige, Angestellte und Beamte des öffentlichen Dienstes und damit zwangsläufig auch die Juristinnen waren von einer Anwartschaft kraft Versicherungsfreiheit infolge einer legislativ gewollten Begrenzung der Risikogruppen und zur Verhinderung versicherungsfremder Leistungen ausgeschlossen.[129] Der Juristin blieb lediglich die Rückkehr „in den Schoß des Mannes" oder als Ledige, der Rückgriff auf das eigene angesparte Vermögen als Ausweg; der letztendlich kein Ausweg war. Die Mitarbeit als Familienangehörige in der Kanzlei des Mannes wurde noch durch das Steuerrecht jener Zeit gestützt, weil die Mitarbeit nach den seit 1921 geltenden Bestimmungen des Einkommensteuergesetzes abzugsfähig war und es „in der Regel nicht darauf" ankam, „ob ein Gehalt gezahlt wird, denn das Gehalt der Frau wird dem Einkommen des Mannes zugerechnet (§ 16)".[130]

1930 und 1931 wurde durch weitere Notverordnungen ein nochmaliger Abbau der Sozialleistungen bei gleichzeitiger Einführung des Freiwilligen Arbeitsdienstes verfügt. Die Arbeitslosenzahl betrug 1932 ca. 6,13 Millionen.[131] Mit der Folge, dass die fürsorgerische und haushaltshelfende Tätigkeit von Frauen unter schweren Bedingungen gegen ein Taschengeld schon im jungen Lebensalter Eingang in den Arbeitsalltag von Frauen fand.[132]

---

[127] Lewek, Peter, ebd., S. 313, 400
[128] Lewek, Peter, ebd., S. 241
[129] Lewek, Peter, ebd., S. 167, 338, 384
[130] Ra Dr. Paul Mareuse, Das Berufseinkommen des Rechtsanwalts nach dem neuen Einkommensteuergesetz in: JW, 50. Jahrgang, 1921, Heft 2, S. 86 bis 89, S. 88
[131] Bracher, Karl Dietrich u.a. (Hrsg.), Die Weimarer Republik 1918-1933, Bonn, 1987, Anhang, S. 637
[132] Erlaß über den freiwilligen Arbeitsdienst der weiblichen Jugend, hrsg. vom Reichskommissar für den Freiwilligen Arbeitsdienst, Berlin, 1932

C. Der Deutsche Juristinnenverein

Der Deutsche Juristinnenverein ist der „Vorläufer" des heutigen Deutschen Juristinnenbundes.

I. Gründung, Ziele und Entwicklung

Der Deutsche Juristinnenverein gründete sich 1914 in Berlin. Als Ziel des Deutschen Juristinnenvereins ist die Förderung der beruflich wissenschaftlichen Fortbildung der Juristinnen.[133] Infolge eines Bombenangriffs im zweiten Weltkrieg sind die Unterlagen des Vereinsregisters Berlin nicht mehr verfügbar.[134] Mit dieser Feststellung[135] und einigen Darstellungen zu Einzelfällen[136] enden die Ausführungen des Deutschen Juristinnenbundes über seine geschichtliche Entwicklung. Die Verfasserin hat jedoch folgendes in Erfahrung bringen und belegen können: Der Deutsche Juristinnenbund war eine Berufsorganisation der berufstätigen Juristinnen der Weimarer Republik.[137] Das Jahrbuch des Bundes Deutscher Frauenvereine aus dem Jahre 1917 enthält erstmals einen konkreten Hinweis auf die Existenz des deutschen Juristinnenvereins mit Sitz in Berlin.[138]

Seine Zielstellung ist weitgehend deckungsgleich mit den Zielen des Verbandes Deutscher Akademikerinnen, der sich am 1. Mai 1926[139] gründete: Die „persönlich-sachliche Gesamtleistung der Akademikerin" als „rein wissenschaftliche Leistung, beruflich-praktische Leistung und der persönlichen Ausformung" sollen in einer „einheitliche(n) Formkraft weiblicher Geistigkeit in Wissenschaft, Beruf und persönlichem Stil [..] stärker bewusst gemacht werden."[140] Die enge Verbindung eines Mitglieds des Deutschen Juristinnenvereins als Gründungsmitglied und die Mitwirkung eines weiteren Mitglieds als Verbandsvertreterin des Deutschen Juristinnenvereins im Verband Deutscher Akademikerinnen[141] ist somit aus der Zielstellung beider Organisationen erklärlich. Also gingen im Unterschied zu anderen Frauenberufsorganisationen,

---

[133] Altmann-Gottheiner, Elisabeth (Hrsg.), Jahrbuch des Bundes Deutscher Frauenvereine, Berlin, 1917, Anhang S. 112
[134] Deutscher Juristinnenbund (Hrsg.), s. Fußnote 1, S. 5;
[135] Deutscher Juristinnenbund (Hrsg.), s. Fußnote 1, S. 5
[136] Deutscher Juristinnenbund (Hrsg.), s. Fußnote 1, Anhang Nr. 14 bis 22
[137] von Zahn-Harnack, Agnes, s. Fußnote 42, Tafel der deutschen Frauenbewegung als Faltblatt am Ende des Buches
[138] Altmann-Gottheiner, Elisabeth (Hrsg.), Jahrbuch des Bundes Deutscher Frauenvereine, Berlin, 1917, Anhang, S. 112
[139] Boedeker, Elisabeth, s. Fußnote 63, S. XLV
[140] Bäumer, Gertrud, Die Akademikerin und die Volkskultur in: Die Frau, 33. Jahrgang, Heft 9, Juni 1926, S. 513 bis 517, S. 514, 517
[141] Landesarchiv Berlin, B Rep. 235-05 Deutscher Akademikerinnenbund (DAB) MF.-Nr. 3629-3634

die sich ausschließlich der Frau in der Berufspraxis widmeten, die Zielvorstellungen der Mitglieder des Deutschen Juristinnenvereins darüber hinaus und waren umfassender.

Aus den Unterlagen des Bundes Deutscher Frauenvereine wird ersichtlich, dass der Deutsche Juristinnenverein in der Zeit seit dem 1. März 1916 dem Bund Deutscher Frauenvereine beigetreten ist.[142] Der Beitritt fand im Jahrbuch des Bundes Deutscher Frauenvereine 1918 seine Publizität.[143]

Aus der Zeit des Engagements im Bund Deutscher Frauenvereine geht ein gemeinsames Vorgehen mit der Vereinigung der Nationalökonominnen Deutschlands in Fragen des Status als Verband aus den Unterlagen des Helene-Lange-Archivs[144] hervor. Dieser enge Kontakt mag später auch Einfluss auf die heutigen Mitgliedschaftsstatuten des Deutschen Juristinnenbundes nach dem 2. Weltkrieg gehabt haben, der neben Juristinnen auch Volkswirtinnen und Betriebswirtinnen als Mitglieder aufnimmt. Aus der Tatsache, dass in einer Veröffentlichung aus der Weimarer Zeit[145] deutlich kritisiert wurde, dass die Nationalökonominnen nur promovierte Berufsangehörige aufgenommen haben, könnte geschlossen werden, dass der Deutsche Juristinnenverein zur damaligen Zeit auch nur promovierte Juristinnen nach seinen Statuten aufgenommen hat. Hierfür spricht insbesondere die damalige Bildungs- und Berufssituation der Juristin.

Einzelne Mitglieder des Deutschen Juristinnenvereins arbeiteten in Ausschüssen und Facharbeitsgemeinschaften des Bundes Deutscher Frauenvereine mit, die auch in einem engen Bezug zu der Rechtsdiskussion im Ehe- und Familienrecht der Weimarer Zeit standen.[146]

Ab dem Jahr 1918 brachte der Deutsche Juristinnenverein verstärkt sein berufsbezogenes Engagement zum Ausdruck, indem sich einzelne Mitglieder in dem „Kartell der Auskunftsstellen für Frauenberufe" des Bundes Deutscher Frauenvereine engagierten. Aufgabe dieses Kartells war zuvorderst eine gemeinnützige Berufsberatung des weiblichen Geschlechts durch persönliche Beratung, Öffentlichkeitsarbeit sowie die Zusammenarbeit mit Behörden zu stärken und der Bekämpfung von Missständen

---

[142] Landesarchiv Berlin, B Rep. 235-01 Bund Deutscher Frauenvereine (BDF) MF.-Nr. 2202
[143] Altmann-Gottheiner, Elisabeth (Hrsg.), Jahrbuch des Bundes Deutscher Frauenvereine, Berlin, 1918, Hauptteil der Publikation S. 5
[144] s. Fußnote 143
[145] Simon, Helene, Geistige Arbeiter in: Die Frau, 28. Jahrgang, Heft 2, November 1920, S. 44 bis 49, S. 45
[146] Landesarchiv Berlin, B Rep. 235-01 Bund Deutscher Frauenvereine (BDF) MF.-Nr. 2124, 2176, 2189

entgegenzuwirken. Die Mitarbeit konnte nach den Statuten des Bundes Deutscher Frauenvereine keinen Einfluss auf die innere Selbständigkeit des Deutschen Juristinnenvereins haben. Geschäftsstelle des Kartells war das Frauenberufsamt des Bundes Deutscher Frauenvereine. Das Frauenberufsamt wiederum widmete sich notwendigen sozioökonomischen Erhebungen über die Arbeitswelt von Frauen und der Anfertigung von Gutachten zu weiblichen Berufs- und Bildungsfragen.[147] Grund für ein derartiges Engagement einzelner Mitglieder des Deutschen Juristinnenvereins mag neben der vorwiegend für männliche Absolventen der Universitäten angebotenen Berufsberatung[148] auch die späterhin durch § 38 des Arbeitsnachweisgesetzes geschaffene unübersichtliche Rechtssituation gewesen sein. § 38 sah eine „Befugnis" zu „unmittelbarer [und damit auch zwangsläufig bestehender mittelbarer] Vermittlungstätigkeit"[149] staatlicher Stellen der Berufs- und Arbeitsberatung vor. Unübersichtlichen Rechtssituationen und damit entstehender mangelnder fachlicher Kompetenz staatlicher Stellen als Mittel der Diskriminierung galt es offensichtlich entgegen zu wirken.

Die Mitgliederzahl des Deutschen Juristinnenvereins stieg bis zum Jahre 1918 von 28 auf 35 und betrug ab dem Jahr 1919 70, ab dem Jahr 1927 bereits 100 Mitglieder.[150] Unter der widerlegbaren Vermutung, dass vorwiegend berufstätige Juristinnen im Deutschen Juristinnenverein (DjV) organisiert waren und die Mitgliederzahlen auch im Jahre 1933 gleich 100 Mitglieder betrugen, könnten schätzungsweise vor dem 3. Reich 34,84 % der weiblichen berufstätigen Juristinnen im DjV organisiert gewesen sein. Diese Vermutung könnte zusätzlich durch die Tatsache gestützt werden, dass ab dem Jahre 1928 eine Ortsgruppe des DjV in Hamburg, vertreten durch Frau Dr. Mathilde Möller-Bing, nachweisbar ist.[151] Über den Zeitpunkt der Auflösung des Deutschen Juristinnenvereins konnten bis zum gegenwärtigen Zeitpunkt keine Unterlagen gefunden werden. Nach den Recherchen der Verfasserin ist der Deutsche Juristinnenverein auch nicht im Auflösungsschriftverkehr mit den dem Bund Deut-

---

[147] Altmann-Gottheiner, Elisabeth (Hrsg.), Jahrbuch des Bundes Deutscher Frauenvereine, Berlin, 1918, Anhang, S. 95 und Hauptteil der Publikation S. 8, 9

[148] als Beispiel für weitere gleichlautende Ankündigungen der Deutschen Zentralstelle für Berufsberatung der Akademiker in den Folgejahren: Ein Kursus für Berufsberatung in DRiZ, 10. Jahrgang, 1918, Heft 15/16, S. 265 bis 266

[149] Weigert, Oscar, Das Arbeitsnachweisgesetz vom 22. Juli 1922 mit den Verordnungen vom 30. September und 19. Oktober 1922 und Ausführungsvorschriften des Reichsamts für Arbeitsvermittlung und der Länder, Berlin, 1922, S. 102

[150] Altmann-Gottheiner, Elisabeth (Hrsg.), Jahrbuch des Bundes Deutscher Frauenvereine, Berlin, 1918, Hauptteil der Publikation S. 5; ebd. 1919, Anhang S. 96; ebd. 1920, Anhang S. 87; Ulich-Beil, Else (Hrsg.) ebd., 1921-1927, Anhang S. 12; Wolff, Emmy (Hrsg.), ebd., 1927-1928, Anhang S. 12; Wolff, Emmy (Hrsg.), ebd., 1928-1931, Anhang S. 11

[151] Wolff, Emmy (Hrsg.), Jahrbuch des Bundes Deutscher Frauenvereine 1928-1931, Berlin, 1931, Anhang S. 11

scher Frauenvereine angeschlossenen Vereinen und Verbänden der Jahresmitte 1933 ausgewiesen. Mit dem Gesetz über die Auflösung der Beamtenvereinigungen sowie der Vereinigungen der beamteten und nicht beamteten Rechtswahrer vom 27.5.1937[152] wird die Auflösung des Deutschen Juristinnenvereins greifbar. Der Deutsche Juristinnenbund konstatiert „Mit aller Vorsicht und auf der Grundlage eines Dokuments aus dem Leo Baeck Insitut, Inc. New York" die Selbstauflösung des deutschen Juristinnenvereins zum 29. April 1933.[153]

II. Stellung des Deutschen Juristinnenvereins in der bürgerlichen Frauenbewegung seiner Zeit

In der Zeit der Weimarer Republik gab es eine bürgerliche und eine proletarische Frauenbewegung. Beide hatten jedoch ein gemeinsames Oberziel: das „Erwachen und Bewußtwerden der Frau zur freien eigengesetzlichen schöpferischen Mitarbeit an der Gestaltung der Menschheit überhaupt"[154], „Ausbildung eines neuen Typus „Frau"[155], die nur aus ihrer „Eigenart"[156] in „die Bedingungen"[157] mitgestaltend einzugreifen vermag. Diese Vorstellungen waren „in der Forderung der freien Persönlichkeitsentwicklung für die Frau, die sie beide vom philosophischen Individualismus, von der Forderung der Menschenrechte,

herleiten."[158] geboren worden. Vom bürgerlichen Flügel wurde insbesondere der „Kultureinfluß der Frau zu voller innerer Entfaltung und freier sozialer Wirklichkeit"[159] und „als persönliches Glück"[160] betont. Bereits 1894 ist bei der Gründung des Bundes Deutscher Frauenvereine festgelegt worden, dass keine Arbeiterinnen aufgenommen werden sollen.[161] Mit dem Anschluss an den Bund Deutscher Frauenvereine im März 1916 hat der Deutsche Juristinnenverein auch seine politische Einordnung in die bürgerliche Frauenbewegung seiner Zeit zum Ausdruck gebracht.

Die bürgerliche Frauenbewegung war durch 3 Hauptrichtungen charakterisiert. Zu den Frauenberufs- und Bildungsvereinen müssen insbesondere der Kaufmännische

---

[152] RGBl. 1937, Teil I., S. 597
[153] Deutscher Juristinnenbund (Hrsg.), s. Fußnote 2, S. 30
[154] Becker, Liane, Die Frauenbewegung. Bedeutung, Probleme, Organisation, München, 1910, S. 1; Reicke, Ilse, Die Frauenbewegung -Ein geschichtlicher Überblick-, Leipzig, 1929, S. 6
[155] Bernays, Marie, Die deutsche Frauenbewegung, Leipzig, Berlin, 1920, S. 109
[156] von Zahn-Harnack, Agnes, s. Fußnote 42, S. 11
[157] von Zahn-Harnack, Agnes, s. Fußnote 42, S. 12
[158] Neumann, Annemarie, s. Fußnote 44, S. 203 verbunden mit dem Hinweis auf rousseauische Gedankengänge; Bäumer, Gertrud, Die Frau in Volkswirtschaft und Staatsleben der Gegenwart in: Das Weltbild der Gegenwart, Fünfter Band, Stuttgart/Berlin, 1914, S. 268 bis 270
[159] Lange, Helene, Die Frauenbewegung in ihren gegenwärtigen Problemen, 1924, S. 18
[160] Wex, Else, Staatsbürgerliche Arbeit deutscher Frauen 1865-1928, Berlin, 1929, S. 54
[161] Neumann, Annemarie, s. Fußnote 44, S. 205

Verband weiblicher Angestellter (VWA), der Allgemeine Deutsche Lehrerinnenverband (ADLV), mit ihrer Vorsitzenden Helene Lange und der Deutschnationale Handelsgehilfenverband (DHV) gerechnet werden. DHV und VWA waren Mitbegründer des DGB.[162] In den wohlfahrtsorientierten und sozialreformerisch tätigen Frauenvereinen öffneten sich infolge der zunehmenden Verstaatlichung und Kommunalisierung der Sozialfürsorge verschiedene Tätigkeitsfelder der freiwilligen und besoldeten Wohlfahrtsarbeit. Dementsprechend waren auch die Vorstellungen dieser Vereine und Verbände in Hinblick auf die Berufsvorbereitung der Frau und ihrer Sittlichkeit ausgerichtet. Als Vereine sind insbesondere der Deutsche Verband der Sozialbeamtinnen und die Internationale Abolitionistische Föderation zu nennen; bei letzteren war Lydia Gustava Heymann Mitbegründerin. Die politische Wirksamkeit dieser Verbände ist schwer abschätzbar.[163] Die allgemeinen Frauenvereine waren eine Vereinigung verschiedenster, die in den vorhergehenden unterzubringenden Richtungen, sich nicht etablieren konnten oder nicht etabliert hatten. Hervorzuheben ist der Bund Deutscher Frauenvereine, der sich insbesondere im Gemeindewahlrecht für die Frau engagierte. Als ihre Vorsitzende sind Helene Lange und Gertrud Bäumer zu nennen. Er vertrat die gemäßigte Richtung. Wichtigstes Publikationsorgan war die Zeitschrift „Die Frau". Dieser Richtung stand die radikalere, vertreten durch Anita Augspurg und Minna Cauer mit ihrer Deutschen Akademischen Vereinigung, gegenüber. Ihr Organ war „Die Frauenbewegung". Anita Augspurg gab zudem gemeinsam mit Lida Gustava Heymann die Monatsschrift „Die Frau im Staat" heraus.[164] Der Vorteil des Bundes Deutscher Frauenvereine lag in seiner Fähigkeit Kräfte und Interessen zu bündeln.[165] Mit bereits 500.000 Mitgliedern, 38 Verbänden und 2200 Vereinen im Jahre 1912, die vorwiegend konservative Frauenorganisationen, wie den Katholischen deutschen Frauenbund oder evangelische Jugendverbände umfaßte, war der BDF die große Dachorganisation der Frauenbewegung der Weimarer Republik.[166] Der politischen Neutralität dieses gemäßigten Flügels der deutschen Frauenbewegung mochte sich der sozialreformerische Ansatz des linken Flügels der allgemeinen Frauenvereine nicht unterzuordnen.[167] Hinzu kamen die Differenzen in Fragen der

---

[162] Greven-Aschoff, Barbara, Die bürgerliche Frauenbewegung in Deutschland 1894 bis 1933, Göttingen, 1981, S. 72 bis 78
[163] Greven-Aschoff, Barbara, ebd., S. 78 bis 82
[164] Dölle, Gilla, ebd., S. 59
[165] Greven-Aschoff, Barbara, ebd., S. 82 bis 86
[166] Hönig, Klaus, Der Bund deutscher Frauenvereine in der Weimarer Republik 1919-1933, Frankfurt, 1995, S. 14
[167] Greven-Aschoff, Barbara, ebd., S. 95, 97, 99

Sexualmoral.[168] In Fragen des § 218 StGB zeigte sich schließlich die Dominanz der Konservativen.[169] Mit dem Beitritt zum Bund Deutscher Frauenvereine gab der Deutsche Juristinnenverein seine Zugehörigkeit zur bürgerlichen Frauenbewegung deutlich zu erkennen. Der große Zuwachs an Frauenberufs- und Hausfrauenorganisationen führte zu einer Polarisierung der Interessen innerhalb des Bundes Deutscher Frauenvereine. Seine unkritische Haltung zum Nationalsozialismus wird als Mitursache für die Selbstauflösung des Bundes deutscher Frauenvereine im Jahre 1933 gewertet.[170] Dem stehen aufgrund der Recherchen der Verfasserin im Helene-Lange-Archiv die Dokumente des Auflösungsschriftverkehrs entgegen. Waren es doch gerade die Behinderungen staatlicherseits für die dem Bund Deutscher Frauenvereine angeschlossenen Berufsorganisationen, die eine Interessenvertretung der Frauen unerträglich machten.[171]

III. Seine Mitbegründerinnen und einzelne Mitglieder

Der Deutsche Juristinnenverein wurde von Frau Dr. jur. Marie Raschke und Frau Dr. jur. Marie Munk gegründet.[172] Zum Zeitpunkt des Beitritts des Deutschen Juristinnenvereins zum Bund Deutscher Frauenvereine ist Vorsitzende Frau Dr. jur. Margarete Meseritz, Berlin.[173] Der Vorsitz wechselt in der Zeit zwischen 1921 bis 1927 zu der Rechtsanwältin Dr. jur. Margarete Berent, Berlin. Mit dem Vorsitzwechsel kann eine Erweiterung des Vorstandes um eine Schatzmeisterin, Frau Assessor Dr. Hagemeyer, Berlin, und eine Schriftführerin, Frau Dr. Lilli Seligsohn, ebenfalls Berlin, festgestellt werden.[174]

---

[168] Greven-Aschoff, Barbara, ebd., S. 105
[169] Greven-Aschoff, Barbara, ebd., S. 115 bis 117
[170] Hönig, Klaus, ebd., S. 142 bis 160; Evans, Richard, The feminist movement in Germany 1894-1933, London, 1978, S. 256
[171] Pressemitteilung des Bundes Deutscher Frauenvereine über die Auflösung vom 17. Mai 1933, in: Landesarchiv Berlin, B Rep. 235-01 Bund Deutscher Frauenvereine (BDF) MF.-Nr. 2047 und 2048
[172] Berneike, Christiane, Die Frauenfrage ist Rechtsfrage -Die Juristinnen der deutschen Frauenbewegung und das Bürgerliche Gesetzbuch-, Baden-Baden, 1995, S. 79 mit Hinweis auf die Publikation von Frau M. Kado in der Zeitschrift Die Frau 1935
[173] Altmann-Gottheiner, Elisabeth (Hrsg.), Jahrbuch des Bundes Deutscher Frauenvereine, Berlin, 1917, Anhang S. 112
[174] Ulich-Beil, Else, (Hrsg.) Jahrbuch des Bundes Deutscher Frauenvereine 1921-1927, Berlin, 1927, Anhang S. 12

III.1. Die Mitwirkung der Mitglieder des Deutschen Juristinnenvereins im Bund Deutscher Frauenvereine

1920 wird das Mitglied des Deutschen Juristinnenvereins, Frau Dr. jur. Margarete Berent, Mitarbeiterin im Frauenberufsamt des Bundes Deutscher Frauenvereine.[175] Diese Mitarbeit ist bis zum Jahr 1931 nachweisbar.[176] In der Zeit 1921 bis 1927 wird Frau Dr. jur. Margarete Berent in den Gesamtvorstand des Bundes Deutscher Frauenvereine gewählt.[177] Frau Dr. jur. Margarete Berent wird auch für das Jahr 1931 für die Wahlen zum Vorstand des Bundes Deutscher Frauenvereine von den unterschiedlichsten Verbänden und Vereinen nominiert. Neben dem Jüdischen Frauenbund, erklärlich aus ihrer Herkunft, ist es die Vereinigung der Nationalökonominnen Deutschlands, die sie für die Mitarbeit im Vorstand vorschlägt. Der Deutsche Juristinnenverein gibt ausweislich der Unterlagen keine Vorschläge für eine Nominierung ab.[178] Folgende Mitglieder wirkten in den Ausschüssen oder Arbeitsgemeinschaften des Bundes Deutscher Frauenvereine mit:

1. *Facharbeitsgemeinschaft für soziale Arbeit:* Ausgewiesen als Deutscher Juristinnenverein, vertreten durch Frau Dr. jur. Margarete Berent.[179]

2. *Ausschuss für das Ehegüterrecht:* Als Einzelpersonen ohne Bezugnahme auf den Deutschen Juristinnenverein sind ausgewiesen: Frau Dr. jur. Marie Munk und Frau Dr. jur. Margarete Berent.[180]

3. *Kommission zur Reform des Familienrechts:* Frau Dr. Marie Munk als Einzelperson.[181] Aus dem Deutschen Juristinnenverein wird keine Vertreterin gewählt, weil der Vorstand des Bundes Deutscher Frauenvereine mit Schreiben vom 2. Juli 1919 die Auffassung vertritt, dass Frau Dr. jur. Marie Munk die geeignetste Vertreterin ist. Aus dem Schriftverkehr zwischen dem Vorstand des Bundes Deutscher Frauenvereine ergeben sich zudem erste Überlegungen über eine geplante Gesamtdarstellung über Reformvorschläge zur Umgestaltung des Familienrechts, die vom Bund Deutscher Frauenvereine herausgegeben werden sollen. Im Schriftverkehr wird von einer Konzeptionierungszeit von einem Jahr ausgegangen. Frau Dr. jur. Marie Munk macht

---

[175] Altmann-Gottheiner, Elisabeth (Hrsg.), Jahrbuch des Bundes Deutscher Frauenvereine, Berlin, 1920, Hauptteil S. 5, Anhang S. 87
[176] Altmann-Gottheiner, Elisabeth (Hrsg.), Jahrbuch des Bundes Deutscher Frauenvereine, Berlin, 1921, Hauptteil S. 75; Ulich-Beil. Else (Hrsg.), ebd. 1921-1927, Anhang S. 13; Wolff, Emmy (Hrsg.), ebd. 1928-1931, Hauptteil S. 9
[177] Ulich-Beil, Else (Hrsg.), Jahrbuch des Bundes Deutscher Frauenvereine, Berlin, 1927, Hauptteil, S. 8; Wolff, Emmy (Hrsg.), ebd. 1928-1931, Hauptteil S. 12
[178] Landesarchiv Berlin, B Rep. 235-01 Bund Deutscher Frauenvereine (BDF) MF.-Nr. 2437
[179] Landesarchiv Berlin, B Rep. 235-01 Bund Deutscher Frauenvereine (BDF) MF.-Nr. 2124
[180] Landesarchiv Berlin, B Rep. 235-01 Bund Deutscher Frauenvereine (BDF) MF.-Nr. 2126
[181] Landesarchiv Berlin, B Rep. 235-01 Bund Deutscher Frauenvereine (BDF) MF.-Nr. 2149

aufgrund der von Frau Dr. jur. Margarete Berent publizierten Dissertation den Vorschlag, sie aktiv in die Erarbeitung der zu publizierenden Reformvorschläge für das Familienrecht mit einzubeziehen.[182]

4. Arbeitsgemeinschaft der Berufsorganisationen:

Als Vertreterin des Deutschen Juristinnenvereins wirken Frau Dr. jur. Marie Munk und Frau Dr. jur. Margarete Berent mit. Frau Dr. jur. Margarete Berent hatte auf dem von dieser Arbeitsgemeinschaft gestalteten Frauenberufstag am 19. März 1924 in Mannheim durch einen Vortrag über „Die Juristin" die Ausgestaltung mit übernommen.[183]

5. Ausschuss für Eheberatung:

In diesem Ausschuss wirkt Frau Dr. jur. Margarete Berent als Person und nicht ausdrücklich als Vertreterin des Deutschen Juristinnenvereins mit.[184]

6. Güterrechtskommission:

In dieser Kommission sind als Juristinnen Frau Dr. jur. Marie Munk und Frau Dr. jur. Margarete Berent ausgewiesen.[185]

7. Ausschuss zum Studium der Frage einer Alterssicherung:

Frau Dr. jur. Mathilde Möller-Bing hat die Leitung des Ausschusses übernommen und sich insbesondere in den der ergänzenden Altersversorgung von Frauen berührenden Fragen engagiert.

Auch in diesem Ausschuss ist als weitere Juristin Frau Dr. jur. Margarete Berent ausgewiesen.[186] Frau Dr. Marie Munk war als weiteres Mitglied in dem *Ausschuss zur Bearbeitung des Gesetzesentwurfs über die unehelichen Kinder* sowie in dem *Ausschuss zur weiteren Bearbeitung der §§ 228 und 229 RStGB* vertreten.[187]

III.2. Lebensläufe einzelner Mitglieder

Die folgenden Lebensläufe sollen einen ersten Eindruck der Mitwirkung der Mitglieder an der Rechtsreformdiskussion im Ehe- und Familienrecht sowie in weiteren Rechtsgebieten der damaligen Zeit vermitteln.

---

[182] Landesarchiv Berlin, B Rep. 235-01 Bund Deutscher Frauenvereine (BDF) MF.-Nr. 2150
[183] Landesarchiv Berlin, B Rep. 235-01 Bund Deutscher Frauenvereine (BDF) MF.-Nr. 2176 und 2180
[184] Landesarchiv Berlin, B Rep. 235-01 Bund Deutscher Frauenvereine (BDF) MF.-Nr. 2186; Ulich-Beil, Else (Hrsg.) Jahrbuch des Bundes Deutscher Frauenvereine 1927, Berlin, 1927, Hauptteil, S. 8; Wolff, Emmy (Hrsg.), ebd., 1928-1931, Berlin, 1931, Hauptteil, S. 12
[185] Landesarchiv Berlin, B Rep. 235-01 Bund Deutscher Frauenvereine (BDF) MF.-Nr. 2187
[186] Landesarchiv Berlin, B Rep. 235-01 Bund Deutscher Frauenvereine (BDF) MF.-Nr. 2188
[187] Ulich-Beil, Else (Hrsg.), ebd. 1921-1927, Hauptteil S. 15; Wolff, Emmy (Hrsg.), ebd. 1928-1931, Hauptteil S. 12; § 229: Giftbeibringung; § 228: Mild. Umstände Körperverl.

1.1. Lebenslauf Dr. jur. Marie Munk

Munk, Marie	* 4. Juli 1885, Berlin	+ 17.01.1978 Cambr./Mass. U.S.A.

Vater	Landgerichtsdirektor Wilhelm Munk
Mutter	Paula Joseph
Bis Ostern 1900	Höhere Tochterschule
Bis September 1907	Vorbereitung auf den Beruf der Lehrerin bei Helene Lange mittels privatem Unterricht; Wechsel in eine Ausbildung als Kindergärtnerin am Pestalozzi-Froebel-Haus/Berlin. Ausbildg. Zur Sozialarbeiterin an der Sozialen Frauenschule von Alice Salomon
September 1907	Abiturprüfung am Kaiserl. Augusta-Gymnasium zu Charlottenburg
Seit Oktober 1907	Studium der Rechtswissenschaft in Berlin, Freiburg, Bonn und Heidelberg /zeitw. einzige weibl. Gasthörerin
1911	Dissertation „Die widerrechtliche Drohung des § 123 B.G.B. In ihrem Verhältnis zu Erpressung und Nötigung" an der Großherzogl. Bad. Ruprecht-Karls-Universität Heidelberg; Unterstützung u.a. durch Prof. Dr. Radbruch
15. Juli 1911	Mündliche Promotionsprüfung
bis 1914	Volontärin bei Zitelmann
1914	Mitbegründerin des DjV
1914 bis 1918	Tätigkeit beim DRK, Sozialamt Berlin-Schönefeld, im Nationalen Frauendienst und in Gefängnissen
1919	2. Vors. des DjV
1919 / 1920	Ref. bei RJM Eugen Schiffer
1920	Referendarexamen; Auftrag des Vorstandes des BdF gemeinsam mit Frau M. Berent ein Gutachten zur Reform des Familienrechts, insbesondere zur Umgestaltung des Ehescheidungs- und des Nichtehelichenrechts zu erarbeiten.

1924	Gerichtsassessorin; Abordnung in das RJM für einige Monate; Entlassung aus dem Staatsdienst wegen Sparpolitik der Reichsregierung
bis 1930	Tätigkeit als RA in Berlin
1930	Amtsgerichts-, später Landgerichtsrätin, damit 1. Richterin Deutschlands; Gleichzeitig Lehrerin an der Schule der Inneren Mission für Sozialarbeiter
1930 bis 1933	Präsidentin des deutschen Vereins berufstätiger Frauen
1932 / 1933	Beurlaubung für 6 Monate aus dem Richterdienst aufgrund einer Einladung der Präsidentin des amerikan. Nationalen Frauenrates Lena Madesin Phillips U.S.A.; Arbeit in Jugendgefängnissen und Heimen
1933	Entlassung aus dem Justizdienst
1935	2. Besuch in den U.S.A.; Arbeit in einem Heim für schwer erziehbare Mädchen
1936	Auswanderung nach Philadelphia
1939	Gastprofessur am College in Maryland und Massachusetts
1943	Erhalt der amerikanischen Staatsbürgerschaft; Zulassung zur amerik. Rechtsanwaltschaft; Wohnsitznahme in Cambridge / M.
1944 /1945	Tätigkeit als Marriage Counselor in Toledo (Ohio)
1945	Anwaltliche Tätigkeit; Weiterbildung an der Harvard University
1953	(Adjunct of Arts Degree)

Quellen: Lebenslauf aus der og. Dissertation; Historische Kommission bei der Bayerischen Akademie der Wissenschaften (Hrsg.), Neue Deutsche Biographie, 18. Band, Berlin, 1997, S. 595 bis 597; Deutscher Juristinnenbund (Hrsg.), Juristinnen in Deutschland, Baden-Baden, 1998, S. 15; Munk, Marie, Vorschläge zur Umgestaltung des Rechts der Ehescheidung und der elterlichen Gewalt nebst Gesetzentwurf, Denkschrift des Bundes Deutscher Frauenvereine, Berlin, 1923;
Weitere Unterlagen lassen sich im Radcliffe College Library, Womens Archives, Radcliffe, Mass. U.S.A. einsehen (Schriften des Bundesarchivs, Die Nachlässe in den deutschen Archiven, Bd.1,Teil II,B.a.Rh.1983, S. 987)

1.2. Lebenslauf Dr. jur. Marie Raschke

Raschke, Marie	* 29. Januar 1850	1935

Vater	Raschke, Johann Rittergutsbesitzer
Mutter	Piepkorn, Johanna
Bis zum 29. Lebensjahr	Leben als Gutsbesitzertochter
1879	Umzug nach Berlin infolge elterlicher finanzieller Notlage
Frühjahr 1880	Preuß. Lehrerinnenexamen für höhere Mädchenschulen
Bis 1883	Lehrerin an einer privaten höheren Mädchenschule
Schuljahr 1883 / 1884	Annahme einer Stelle als städtische Lehrerin
	Fortbildungskurse am Victoria-Lyceum und an der Humboldt Akademie
	Engagement für die Reorganisation der höheren Mädchenschulen
	Initiierung von Vereinsgründungen zur Interessenvertretung der Berliner Volksschullehrerinnen
	Beschäftigung mit der Rechtslage der Frau im deutschen Zivilrecht
1894	Eintr. i.d.Berl.Verein „Frauenwohl"
10. April 1894	Liste der „Schädigungen des minderberechtigten weiblichen Wesens" wird auf der Versammlung des Vereins „Frauenwohl" als Grundlage für eine Petition an den Reichstag beschlossen
Dezember 1894	Einsetzen und Mitwirken in der Kommission des Vereins „Frauenwohl" zusammen mit Sera Prölß
1895	Die aus der Kommissionsarbeit hervorgegangene Schrift „Die Frau im neuen bürgerlichen Gesetzbuch" erscheint
April 1895	Die Generalversammlung des BdF beschließt die Schrift zur Grundlage einer Eingabe des BdF zum Familienrecht zu machen. Die hieraus fertiggestellte Petition wird dem Reichstag vor der 1. Lesung übergeben

Oktober 1895	Auf eines Antrags von Marie Raschke wird im Verein „Frauenwohl" eine weitere Kommission zur Frage der Stellung der Frau in den Vereins- und Kommunalgesetzen gebildet. Vorsitz der Kommission: Marie R., Minna Cauer und Lily von Gizycki
Dezember 1895	Marie Raschke wird Mitglied des Vereinsvorstandes des Vereins „Frauenwohl"
1896	Erscheinen der Aufsätze „Die deutschen Vereinsgesetze" und „Die Frau als Bürgerin"
Mai 1896	Wahl zur Vorsitzenden der Berliner Zentralstelle für Rechtsschutz und der Rechtskommission des BDF
	Übergabe der Resolution des BDF zum Familienrecht mit 50.000 Unterschriften vor der 2. Lesung des Reichstages
Juni 1896	Ansprache auf zahlreichen Protestveranstaltungen in den größeren Städten zum Familienrecht; Schreiben des Rechtskommission des BDF an den Reichstag, die Petition des BDF noch einmal in Ruhe zu prüfen / Einzelgespräche mit Abgeordneten
19. Bis 26. September 1896	Vortrag auf dem Internationalen Frauenkongress für Frauenwerke und Frauenbestrebungen" im Rahmen der Gewerbeausstellung in Berlin über das „Norwegische und dänische Familienrecht".
1. Oktober 1896	Aufnahme des Studiums der Rechtswissenschaften zunächst als Gasthörerin an der Königlichen Fr.-Wilh.-Universität Berlin; kurz zuvor Gründung und zweite Vorsitzende des „Neuen Berliner Volksschullehrerinnenvereins"; Gleichzeitig weiterhin Berufstätigkeit als Volksschullehrerin zur Finanzierung des Studiums
10. Oktober 1896	Zulassung des Rektors für alle rechtswissenschaftlichen Vorlesungen, sofern die Professoren ihr die Genehmigung erteilen

November 1896	Veröffentlichung des Artikels „Das Rechtsstudium der Frau" in „Die Frauenbewegung", 1896
November 1897	Gründung des „Verein studierender Frauen", Vorsitz gemeinsam mit Minna Cauer (jedoch keine Zulassung als akademischer Verein der Universität; Vereinslied: Dir Athene Promachos)
Frühjahr 1899	Beurlaubung vom Schuldienst zum Abschluss des Studiums an der Berner Universität; Promotionsthema: „Der Betrug im Civilrecht" / Prof. Lotmar
1899	Mitbegründerin und Vorstandsmitglied des Vereins Berliner Volksschullehrerinnen
21. Dezember 1899	Promotionsprüfung mit dem Ergebnis „magna cum laude"
Im Anschluss an die Promotion	Rechtskurse für Frauen zum Familienrecht; Mitarbeit in einer Kanzlei, Mandantenvertretung vor Gericht
1900	Mitglied der „Juristischen Gesellschaft"Berlin
Herbst 1900	Gründung der „Zeitschrift für populäre Rechtskunde"; Gründung der „Centralstelle für Rechtsschutz" Berlin
Seit 1901	Mitherausgeberin der „Rechtsbücher für das deutsche Volk"
1904	Mitglied des Deutschen Juristentages
Seit 1905	Mitherausgeberin der „Populären Rechtskatechismen"
1907	Gründung des „Vereins zur Verbreitung von Rechtskenntnissen"
1908	Vorsitzende im Aufsichtsrat der 1908 gegr. Frauenbank
1908	Frauen erhalten das Immatrikulationsrecht in Preußen; Eintragung des im Nov. 1897 gegr. Vereins in das Verzeichnis der Berl. Königl. Fr.-Wilh.-Universität
1914	Schriftleiterin der Zeitschrift „Frauenkapital"
1914	Mitbegründerin des „Deutschen Juristinnenvereins"

1920	Rechtsauskunftliche Tätigkeit in Berlin
1935	Tod

Quelle: Berneike, Christiane, Die Frauenfrage ist Rechtsfrage, Baden Baden, 1995, S. 67 bis 78

1.3. Lebenslauf Dr. jur. Margarete Meseritz-Edelheim

Meseritz-Edelheim, Margarete, später verheiratete Muehsam	* 18. September 1891	+ 26. Mai 1975

Vater	Hugo Meseritz
Mutter	Alica Henriethe Meseritz

20. November 1913	Promotion über „Das Preßdelikt als Begehungsform der gemeinen Delikte" an der Fr.-Alex-Universität Erlangen
1914	Vorsitzende und Mitbegründerin des DjV (28 Mitglieder)
1. März 1916	Beitritt des DjV zum BdF
1918 bis 1919	Ansteigen der Mitgliederzahl des DjV von 35 auf 70 Mitglieder
Vermutlich seit 1919	Verheiratung mit Edelheim
ab 1921	Nicht mehr Vorsitzende des DjV

Quellen: Jahrbuch des Bundes Deutscher Frauenvereine, Berlin, 1917, Anhang, S. 112; 1918: Berlin, 1918, Hauptteil der Publikation, S.5; 1919: Berlin, 1919, Anhang S. 96; 1921-1927: Berlin, 1927, Anhang S. 12; Deutscher Juristinnenbund (Hrsg.), Juristinnen in Deutschland, 3. Auflage, 1998, S. 14;

1.4. Lebenslauf Dr. jur. Margarete Berent

Berent, Margarete jüd. Glaubens	* 9. Juli 1887 Berlin	+ 23. Juni 1965 N.Y.

Vater	Max Berent
Mutter	Natalie (geb. Gabriel)
1914	Promotion „Die Zugewinnstgemeinschaft der Ehegatten"; Mitbegründerin des DjV / Schatzmeisterin
1917 bis 1919	Schatzmeisterin des DjV
1920	Frau Dr. jur. Marie Munk bindet sie eine Stellungnahme zur Reform des Familienrechts, insbesondere zur Umgestaltung des Ehescheidungsrechts und des Rechts der elterl. Gewalt im Auftrag des BdF ein; Mitarbeiterin des Frauenberufsamtes des BdF bis 1931
1921	Vorsitzende des DjV
1921 bis 1927	Wahl in den Gesamtvorstand des BdF
Zwischen 1921 und 1925	Sozialrechtliche Beraterin bei der A.E.G., Lehrerin an der Sozialen Frauenschule und im Verwaltungsdienst des Magistrats
ab 1925	Tätigkeit als RA in Berlin
1925 bis 1933	Erste Rechtsanwältin in Preußen Schwerpunkt Arbeits- und Scheidungsrecht
	Erarbeitung von Vorschlägen für die Beteiligung von Frauen als Schöffen und Geschworene
1926	Mitbegründerin d. DAB
Zwischen 1926 bis 1929	Mitglied (Vertreterin f.d. Rheinland) der RVJ;** Rechtsbearbeiterin der jüd. Gemeinde in Köln
09. März 1929	Mitglied in der AG der Berufsorg. des BdF
1931	Nominierung für die Wahlen zum Vorstand des BdF
	** Reichsvertr. der dt. Juden, ab
	1935 Rvertr.d.Juden in Dtschld.
	s. weiter nächste Seite

bis 1933	Vorstandsmitglied im jüd. Frauen-bund und PLJG;*** Leiterin des „Provinzialverbandes für jüd. Wohlfahrtspflege in der Rheinpro-vinz (Köln)
1933	Aus der Anwaltsliste gelöscht
1939	Ausweisung oder Emigration nach Chile
1941	Emigration in die USA
1949	Zulassung als RA in in New York und später in der Rechtsabteilung der Stadt New York tätig

Quellen: Fassmann, Irmgard Maya, Jüdinnen in der deutschen Frauenbewegung 1865-1919, Hildesheim/Zürich/N.Y., 1996, S. 306; Untersuchungen zur Deutschen Staats- und Rechtsge-schichte Otto v. Gierke (Hrsg.) Heft 123, Breslau, 1915 (Dissertation von Marg. Berent); Munk, Marie, Vorschläge zur Umgestaltung des Rechts der Ehescheidung und der elterlichen Gewalt nebst Gesetzentwurf, Berlin, 1923, Vorwort S. III; Walk, Joseph, Kurzbiographien zur Geschichte der Juden 1918-1945, Münden/N.Y./London/Paris, 1988, S. 27; Tetzlaff, Walter, 2000 Kurzbio-graphien bedeutender deutscher Juden des 20. Jahrhunderts, Askania, 1982, S. 25; Göppinger, Horst, Juristen jüdischer Abstammung im 'Dritten Reich', München, 1990, 2. Auflage, S. 268; Kaznelson, Sigmund, Juden im Deutschen Kulturbereich, Berlin, 1959, S. 855; Lowenthal, Ernst, G., Juden in Preussen, Berlin, 1982, S. 28; Deutscher Juristinnenbund (Hrsg.), Juristinnen in Deutschland, Baden-Baden, 3. Auflage, 1998, S. 15; Jahrbuch des Bundes Deutscher Frauenverei-ne 1920, Berlin 1920, Hauptteil S. 5, Anhang S. 87; 1921-1927, Berlin, 1927, Anhang S. 8, 12 und 13; 1928-1931, Hauptteil S. 9, 12;

*** Preußischer Landesverband Jüdischer Gemeinden (Berlin)

Hinweise auf weitere Unterlagen lassen sich mit großer Wahrscheinlichkeit finden im

Leo Baeck Institut N.Y.: Dort ist der Familiennachlass der jüd. Familien Berent 1962

abgegeben worden (Schriften des Bundesarchivs, Die Nachlässe in den deutschen

Archiven, Band 1, Teil II, Boppard a. Rh., 1983, S. 617).

1.5. Lebenslauf Dr. jur. Mathilde Möller-Bing

Möller-Bing, Mathilde jüd. Glaubens	* 19. Februar 1889 / Hamburg	Todestag unbekannt

Vater	J. G. Bing Kaufmann
Mutter	Emilie, geb. Wolff
bis 1908	Besuch einer neunstufigen israeliti-schen Mädchenschule und der fünfstufigen Realgymnasialklassen für Mädchen des Vereins „Frauenbildung und Frauenstudium"
1908	Reifeprüfung des Realgymnasiums des Johanneums zu Hamburg
Seit 1914	Studium der Volkswirtschaftslehre und der Jurisprudenz als Hörerin des Kolonialinstituts in Hamburg, in Berlin und Heidelberg u.a. bei Prof. Dr. Alfred Weber und Prof. Fritz Fleiner / Heidelberg
1914	Promotion „Das Verhältnis von Stadt und Staat in Hamburg" bei Prof. Fritz Fleiner
24. Juni 1915	Mündliche Doktorprüfung an der jur. Fakultät der Ruperto-Carola zu Heidelberg
1916	Die Dissertation wird in dem Hamburger Verlag Bonsen verlegt
vor oder ab 1928	Gründung der Ortsgruppe des Deutschen Juristinnenvereins Ortsgruppe Hamburg
	Inhaberin der Generalagentur der Schweiz. Lebensvers. und Rentenanstalt in Zürich - Hinrich Wilhelm Kopf- in Hamburg
Juni 1929	Die Ortsgruppe des DjV Hamburg hat 25 Mitglieder
1929	Gemeinsam mit der damaligen Vorsitzenden Engagement für die Aufnahme von Juristinnen in den Richter- oder Verwaltungsdienst
ab ca. Mitte des Jahres 1930	Leitung des Ausschusses für die Frage der Alterssicherung im BdF (Zusatzrente)

1931	Engagement bei der Justizverwaltung Hamburg gegen den Abbau weiblicher Juristinnen im Verwaltungs- und Richterdienst

Quellen zu Frau Dr. jur. Mathilde Möller-Bing: Angaben aus dem Lebenslauf in der og. Dissertation; Landesarchiv Berlin, B Rep. 235-01 Bund Deutscher Frauenvereine (BDF) MF.-Nr. 2188; Deutscher Juristinnenbund (Hrsg.), Juristinnen in Deutschland, Baden-Baden, 1989, S. 16; 1989 und 3. Auflage, 1998, Anhang Nr. 14, 14 (2), 15, 18 und 18 (2); Jahrbuch des Bundes Deutscher Frauenvereine 1928-1931, Berlin, 1931, Anhang S. 11;

1.6 Lebenslauf Dr. Lilli Sara Seligsohn

Seligsohn, Lilli Sara geb. Werthauer jüd. Glaubens	* 22.09.1893 in Berlin	+ Todestag unbekannt

Vater	unbekannt
Mutter	unbekannt
1921 bis 1927	Schriftführerin des DjV
24. April 1939	Auswanderung nach New York in die U.S.A.

Quellen: Jahrbuch des Bundes Deutscher Frauenvereine 1921-1927, Berlin, 1927, Anhang S. 12; Unterlagen des Landesarchivs Berlin, Akten der OFD Berlin-Brandenburg, A Rep. 092, Nr. 25415, Dokument Nr. 6885/43 (zweiseitig);
Anmerkung: vermutlich war Frau Lilli Sara Seligsohn mit dem Justizrat Dr. Johannes Werthauer verwandt, der gemeinsam mit dem Sanitätsrat Dr. Magnus Hirschfeld und einigen anderen Autoren in dem Buch „Sexual=Katastrophen -Bilder aus dem modernen Geschlechts- und Eheleben-", Leipzig, 1926, a.d. Seiten 333 bis 396 über „Eheketten" die Rechtslage im Scheidungsrecht des BGB scharf kritisierte.

Allgemeine Anmerkungen zu den Archivstudien:

Weitere Unterlagen und/oder Hinweise zu den Mitgliedern des Deutschen Juristinnenvereins lassen sich mit großer Wahrscheinlichkeit aus dem nahezu vollständig erhaltenen Aktenbestand des preußischen RJM (1810 bis 1934) und des RFM (1919 bis 1945) im Bundesarchiv ersehen (Schriften des Bundesarchivs, Das Bundesarchiv und seine Bestände, B.a.Rh. 1968, S. 73, 75) und aus dem Nachlaß von RJM Eugen Schiffer (Schriften des Bundesarchivs, Die Nachlässe in den deutschen Archiven, Bd. 1, Teil I, B.a.Rh., 1983, S. 450). Weitere Unterlagen, insbesondere Personalakten des RJM und RFM, befinden sich im Zentralen Staatsarchiv in Moskau/Sonderarchiv (s. Lit.-verz. Götz, Aly / Susanne Heim)

D. Forderungen der Mitglieder des Deutschen Juristinnenvereins zum Ehe- und Familienrecht nach den Bestimmungen des BGB vom 18. August 1896

Der derzeitige Stand des Archiv- und Literaturstudiums erbrachte keine Forderungen des deutschen Juristinnenvereins als rechtspolitische Einflussnahme auf legislative Reformprojekte oder als Initiativen zum Ehe- und Familienrecht der Weimarer Zeit. Vielmehr waren Beiträge einzelner Mitglieder vorzufinden, die entweder als Initiative der jeweiligen Person oder für einen anderen Verein der Frauenbewegung sichtbar zum Ausdruck gebracht wurden. Auf sie wird im folgenden Text eingegangen, indem die Rechtslage des Ehe- und Familienrechts nach den Bestimmungen des BGB vom 18. August 1896 vorangestellt, die Reformprojekte der Weimarer Zeit und die Änderungsvorschläge der einzelnen Mitglieder des Deutschen Juristinnenvereins und damit ihre Beteiligung an der Reformdiskussion unter Einbindung anderer fachjuristischer Stellungnahmen geschildert werden.

I. Rechtslage im Eherecht nach den Bestimmungen des BGB vom 18. August 1896

Der Grund für das rechtliche Übergewicht des Ehemannes kam bereits in den Motiven zum BGB zum Ausdruck: „ Der Gedanke, dass der Mann das Haupt der Familie sei, sei ein natürlicher und ergebe sich aus dem Wesen der Ehe. Eine gesunde Familien könne nur bestehen, wenn der Mann das Haupt sei. Wolle die Frau dem Manne sich nicht unterordnen, so bedeute das eine bedenkliche Lockerung der Familienbande und einen ganz anormalen Zustand der Familie [..]Es sei nothwendig, dass Einer entscheide [ ] Lasse man dem Manne nicht die Entscheidung, so wisse Niemand, wer zu entscheiden habe, wenn Meinungsverschiedenheiten unter den Ehegatten sich ergäben."[188] Im Falle seines Fortfalls wurde eine Gefährdung der Ehe als soziale Institution der gesellschaftlichen Basis gesehen: „Der christlichen Weltanschauung des deutschen Volkes entsprechend geht der Entwurf davon aus, dass im Eherechte nicht das Prinzip der individuellen Freiheit herrschen darf, sondern die Ehe als eine von dem Willen der Ehegatten unabhängige sittliche und rechtliche Ordnung anzusehen ist."[189]

1. Die Stellung der Frau in der Ehe

Nach den Bestimmungen des ersten Titels, des ersten und dritten Abschnitts des ersten Buchs des BGB von 1896 war die Frau, wie der Mann, mit Vollendung des 21.

---

[188] Mugdan, B., Die gesamten Materialien zum Bürgerlichen Gesetzbuch für das Deutsche Reich, Bd. IV, Familienrecht, Berlin, 1899, Kommissionsbericht, S. 1213
[189] Mugdan, B., ebd., S. 301 und 302

Lebensjahres volljährig und damit voll geschäftsfähig. Mit der Eheschließung stand ihr jedoch nicht mehr ausschließlich die Entscheidung in allen ihren persönlichen Angelegenheiten zu. Sie erhielt kraft Gesetzes den Namen des Mannes (§ 1355 BGB). Gem. § 1354 BGB war das gemeinschaftliche Eheleben zuvorderst durch den Ehemann bestimmt. Insbesondere entschied er über Wohnort und Wohnung allein. Die Ehefrau war vorrangig durch Gesetz berechtigt und verpflichtet worden, das gemeinschaftliche Hauswesen zu leiten und mit Wirkung für und gegen ihren Ehemann Geschäfte im häuslichen Wirkungskreis zu tätigen (§§ 1356 S. 1, 1357 Satz 1 BGB). Der Ehemann vermochte jedoch die Schlüsselgewalt zu beschränken oder auszuschließen (§ 1357 Satz 2 BGB). Der Ehemann konnte gem. § 1358 S.1 und 3 BGB den zwischen der Ehefrau zustandegekommenen Arbeits- oder Dienstvertrag mit Wirkung für und gegen seine Ehefrau durch Willenserklärung gegenüber dem Vertragspartner ohne Einhaltung einer Kündigungsfrist kündigen, wenn er dem Vertrag die Zustimmung versagte und das Vormundschaftsgericht ihn zur Kündigung ermächtigt hatte. Das Vormundschaftsgericht war an die Erteilung einer Genehmigung gebunden, wenn sich im Rahmen des Verfahrens ergab, dass die Erwerbstätigkeit der Ehefrau die ehelichen Interessen beeinträchtigte (§ 1358 S. 2). Das BGB enthielt zudem eine Rechtsvermutung des Eigentums über bewegliche Sachen dergestalt, als davon ausgegangen wurde, dass sie dem Mann gehören, wenn sie sich im Besitz eines Ehegatten oder beider Ehegatten befanden (§ 1362 Satz 1).

2. Die Stellung der Frau im Ehegüterrecht

Das damalige BGB sah im sechsten Titel, des ersten Abschnitts des vierten Buches als vertragliches Güterrecht die Fahrnisgemeinschaft, die Errungenschaftsgemeinschaft und die allgemeine Gütergemeinschaft; als gesetzliches Güterrecht die Gütertrennung und die Verwaltungsgemeinschaft vor.

a) Die Verwaltungsgemeinschaft

Gem. §§ 1363 S. 1, 1365 BGB wurde das vor der Ehe erwirtschaftete (eingebrachte Gut) und das in der Ehe erwirtschaftete Vermögen beider Eheleute, sofern es nicht Vorbehaltsgut war, durch die Eheschließung der Verwaltung und Nutznießung des Ehemannes unterworfen. Das eingebrachte Gut nahm der Mann in Besitz (§ 1373) und verwaltete es in der Regel gemeinsam mit der Frau (§ 1375), sofern er nicht bei Weigerung der Zustimmung der Frau im Interesse einer ordnungsgemäßen Verwaltung ihre Zustimmung durch das Vormundschaftsgericht ersetzen ließ (§1379 S. 1). Bei

Geld oder anderen verbrauchbaren Sachen konnte er über das eingebrachte Gut auch ohne Zustimmung der Frau verfügen (§ 1376 Nr. 1). Ohne ihre Zustimmung vermochte er ferner die Aufrechnung über die Forderungslage der Frau zu erklären und Verbindlichkeiten für und gegen sie aus dem eingebrachten Gut zu erfüllen sowie Rechtsstreitigkeiten führen (§§ 1376 Nr. 2 und 3, 1380 BGB). Die Verwaltung über das eingebrachte Gut entsprach einer Mündelverwaltung (§ 1377 Satz 2 BGB). Nutznießung des eingebrachten Gutes i.S.d. §§ 1383 bis 1390 BGB berechtigte den Ehemann zum Nießbrauch unter Kostenerhaltungs- und Aufwandspflicht, verbunden mit einer Kostenerstattungspflicht der Frau unter Ausschluss der Rechenschaftspflicht gegenüber der Frau. Eine Verfügung der Frau über das eingebrachte Gut konnte nur mit vorheriger Einwilligung des Mannes erfolgen. Allenfalls war die Verfügung mit allen daraus sich ergebenden Gestaltungsrechten und Konsequenzen für den Dritten schwebend unwirksam (§§ 1395 bis 1397 BGB); im Falle eines einseitigen Rechtsgeschäfts sogar nichtig (§ 1398, 1404 BGB). Rechtsgeschäfte der Frau zur Leistungsverpflichtung sowie die Führung von Rechtsstreitigkeiten waren zudem gem. §§ 1399 II, 1400 BGB unwirksam. Ansprüche aus der Verwaltung und Nutznießung waren der Frau gegenüber dem Mann erst nach Beendigung der Verwaltungsgemeinschaft gesetzlich zugesprochen (§ 1394 BGB). Die Verwaltungsgemeinschaft endete durch Tod, Todeserklärung des Mannes oder Konkurs (§§ 1419, 1420 BGB). Ebenso, wenn die Klage der Frau auf Aufhebung der Verwaltung und Nutznießung unter den engen gesetzlichen Voraussetzungen (z.B. Entmündigung, Vermögens- oder Abwesenheitspflegschaft, Unterhaltspflichtverletzung nebst zukünftiger Unterhaltsgefährdung) erfolgreich, Rechtskraft des darauf ergehenden Urteils eingetreten war (§ 1418 BGB) und der Mann hiervon Kenntnis erlangt hatte oder die Beendigung kennen musste (§ 1424 BGB). Nicht zum eingebrachten und damit zum Vorbehalts-, d.h. in der Verfügung nicht der Zustimmung des Mannes unterliegendem Gut gehörte der höchstpersönliche Verbrauch der Frau (§ 1366 BGB), Einkommen durch Berufs- oder Erwerbstätigkeit (§ 1367 BGB), Erb- und Pflichtteilsansprüche, Vermächtnisse, Schenkungen (§§ 1369, 1406 BGB) oder Gut, was durch Ehevertrag zu Vorbehaltsgut erklärt worden war (§ 1368 BGB). Verkannt werden darf jedoch nicht, dass der selbständige Betrieb eines Erwerbsgeschäftes der Einwilligung des Mannes bedurfte (§ 1405 BGB) und damit Ähnlichkeit zur Rechtsausübung des beschränkt Geschäftsfähigen aufwies (§ 112 BGB).

b) Die Gütertrennung

Gütertrennung konnte aus den gleichen engen Voraussetzungen nach denen die Verwaltungsgemeinschaft endete oder weil der gesetzliche Vertreter die Zustimmung zur Heirat mit der geschäftsunfähigen Braut verweigert hatte (§ 1364) gesetzlich oder aber mittels Ehevertrag eintreten (§ 1426). Neben dieser getrennten Nutzung und Verwaltung des Vermögens der Eheleute waren die freiwillige Überlassung der Verwaltung des Vermögens der Frau, verbunden mit der Möglichkeit von Vorgaben über die Verwendung der Einkünfte, vorgesehen (§ 1430). Der eheliche Aufwand war vom Mann zu bestreiten, wobei die Frau einen angemessenen Beitrag zu leisten hatte (§ 1427). Dieser Güterstand bedurfte zur Wirksamkeit Dritten gegenüber der Eintragung in das Güterrechtsregister (§§ 1431, 1435 BGB).

c) Die Gütergemeinschaft

Gütergemeinschaft lag vor, wenn die Eheleute vertraglich vereinbart hatten, dass das von ihnen eingebrachte und während der Ehe erworbene Vermögen Gesamtgut wurde (§§ 1432, 1438). Es wurde vom Mann verwaltet (§ 1443). Aus dem Gesamtgut wurde der eheliche Aufwand bestritten (§ 1458). Für die Verwaltung des Gesamtguts war der Mann der Frau gegenüber nicht verantwortlich (§ 1456 S. 1). Ersatz eines Schadens aus dem Handeln des Mannes kam nur bei dem Beweis der Absicht zum Nachteil der Frau in Betracht (§1456 S. 2). Nur unter engen Voraussetzungen und bei Gefahr im Verzuge vermochte die Frau in eigenem Namen oder im Namen des Mannes für und gegen das Gesamtgut zu handeln (§§ 1449, 1450) oder vermochte die Einwilligung des Mannes durch die Einwilligung des Vormundschaftsgerichts zu ersetzen (§ 1451). Nur zu einer Verfügung über das Gesamtgut im Ganzen, über ein hierzu gehörendes Grundstück, einer Schenkung hieraus, bedurfte der Mann der Zustimmung der Frau (§§ 1444 bis 1446 BGB). Eine Verfügung über den jeweiligen Anteil am Gesamtgut konnte nur gemeinsam erfolgen (§ 1442). Das Vermögen der Frau das durch Rechtsgeschäft nicht übertragen werden konnte (Sondergut), verwaltete der Mann (§ 1439). Dem Gesamtgut zufließen konnte zudem Vermögen, dass während der Errungenschaftsgemeinschaft erworben wurde (§ 1519). In diesem Zusammenhang ist noch die Bestimmung des § 1452 von Bedeutung, die eine Ausübung eines selbständigen Erwerbsbetriebs der Ehefrau durch Rückgriff auf § 1405 von der Einwilligung des Ehemannes abhängig machte. Das Vorbehaltsgut war das durch Ehevertrag erklärte Vermögen, der Erwerb von Todes wegen oder die Schenkung; letzteres jedoch nur soweit der Schenkende den Vermögensvorbehalt erklärt hatte (§ 1440 BGB). Die Verwaltung des Vorbehaltsguts richtete sich nach den Vorschriften über die Gütertrennung (§ 1441). Ersatzpflicht zwischen den Gütermassen des Vorbehaltsgutes und dem Gesamtgut trat im Falle der Übertragung von der einen zur anderen Vermögensmasse ein (§ 1466). Forderungen und Schulden aus den einzelnen Gütermassen konnten jedoch erst nach der Beendigung der Gütergemeinschaft erfolgen (§ 1467). Eine Klage auf Aufhebung war unter engen Voraussetzungen (Verminderung des Gesamtgutes zum Nachteil der Frau, Unterhaltsverletzung nebst zukünftiger Unterhaltsgefährdung, Entmündigung wegen Verschwendung, Überschuldung) möglich (§ 1468, 1469). Die Gründe, weswegen der Mann auf Aufhebung der Gütergemeinschaft klagen konnte, waren bereits im Falle der Unterhaltsgefährdung wegen Verbindlichkeiten der Frau möglich (§ 1469). Die Auseinandersetzung nach Beendigung der Gütergemeinschaft erfolgte dergestalt, dass der nach Abzug dem Gesamtgut zur Last fallenden Verbindlichkeiten verbleibende Überschuss den Ehegatten zu gleichen Teilen zustand (§ 1476). Im Falle des Todes fiel der Anteil des verstorbenen Ehegatten dem Nachlaß zu (§ 1482). Waren gemeinschaftliche Abkömmlinge vorhanden, wurde die Gütergemeinschaft zwischen dem überlebenden Ehegatten und den Abkömmlingen fortgesetzt (§ 1483). Diesen Rechtseintritt vermochte der überlebende Ehegatte nach den Bestimmungen über das Ausschlagen einer Erbschaft abzulehnen (§ 1484). Die weitere Verfahrensweise bei der fortgesetzten Gütergemeinschaft regelte sich entsprechend der §§ 1485 bis 1507. Die Ehegatten konnten zu Lebzeiten die fortgesetzte Gütergemeinschaft vertraglich oder durch Verfügung von Todes wegen in vollem Umfang oder sie konnten einen einzelnen Abkömmling ausschließen, seinen Anteil aus der Gütergemeinschaft bis zur Hälfte herabsetzen oder entziehen (§§ 1508, 1509, 1511 bis 1513). Eine Teilung des Überschusses erfolgte nach den Vorschriften über die Gemeinschaft (§ 1477). Der schuldig Geschiedene hatte dem anderen Ehegatten auf Verlangen den Wert des in die Gemeinschaft eingebrachten Gutes zu erstatten. Als eingebrachtes Gut waren Güter anzusehen, wie wenn zum Zeitpunkt der Einbringung Errungenschaftsgemeinschaft bestanden hätte (§ 1478).

d) Die Errungenschaftsgemeinschaft

Das während der Ehe von beiden Ehegatten erwirtschaftete oder nicht anderen Vermögensmassen zuordnebare Gut wurde gemeinschaftliches Vermögen (Gesamtgut, §§ 1519, 1527). Verwaltungs- und Verfügungsbefugnis, Aufhebung und Beendigung dieses Güterstandes bestimmte sich nach den Bestimmungen über die allgemeine

Gütergemeinschaft (§§ 1519 S. 2, 1542 bis 1544). Im Falle der Todeserklärung oder rechtskräftigen Urteils auf Aufhebung der Errungenschaftsgemeinschaft trat Gütertrennung ein (§ 1545). Im übrigen erfolgte in Ansehung des Gesamtguts die Auseinandersetzung nach den Vorschriften über die allgemeine Gütergemeinschaft (§ 1546). Eine Bereicherung des Gesamtgutes auf Kosten des eingebrachten Gutes zur Zeit der Beendigung der Errungenschaft führte zur Ersatzpflicht (§ 1539). Waren verbrauchbare Sachen des eingebrachten Gutes eines Ehegatten nicht mehr vorhanden, so galt die rechtliche Vermutung, dass eine Verwendung zugunsten des Gesamtguts vorgenommen worden war (§ 1540). Die Errungenschaft, d.h. dass was beide Eheleute während der Errungenschaft erwerben, das eingebrachte Gut der Frau und des Mannes sowie das durch Ehevertrag, durch Erwerb von Todes wegen oder Schenkung bestimmte Vorbehaltsgut der Frau bildeten getrennte Vermögensmassen (§§ 1520 bis 1524, 1526 S. 1). Hierüber konnte ein Verzeichnis angelegt werden (§ 1528). Vorbehaltsgut des Mannes war ausgeschlossen (§ 1526 S. 2). Der Aufwand der mit der Errungenschaft verbunden war, fiel dem Gesamtgut zur Last, welches auch die Last des eingebrachten Gutes tragen musste. Die Wiederherstellung der Errungenschaft trat in den Fällen des Konkurses nach Rechtskraft des Urteils ein (§§ 1547, 1548).

e) Die Fahrnisgemeinschaft

Die Fahrnisgemeinschaft war die Gütergemeinschaft des beweglichen Vermögens und der Errungenschaft, womit sie auch Grundstücke einschloss. Sie vermochte infolge der Bestimmungen über die übrigen vertraglichen Güterstände nach ihrer Beendigung nur durch Ehevertrag fortgesetzt werden (§§ 1549, 1557). Es bestanden vier Vermögensmassen: das Gesamtgut, das eingebrachte Gut des Mannes und der Frau und das Vorbehaltsgut der Frau (§§ 1550, 1555). Eingebrachtes Gut der Eheleute erstreckte sich auf das unbewegliche Vermögen, welches beim Eintritt der Fahrnisgemeinschaft besteht oder während der Fahrnisgemeinschaft durch Erbfolge, Vermächtnis, Schenkung, als Ausstattung oder mit Rücksicht auf ein künftiges Erbrecht erworben wird (§ 1551). Es wurde durch Ehevertrag, Erbfolge, Vermächtnis, Schenkung oder Pflichtteil zum eingebrachten Gut erklärt
(§ 1554). Verwaltung und Nutzung des eingebrachten Gutes entsprachen der Errungenschaftsgemeinschaft (§ 1550 S. 2). Verwaltung und Nutznießung des Gesamtguts entsprach der allgemeinen Gütergemeinschaft (§ 1549). Sondergut wurden Gegenstände, die nicht durch Rechtsgeschäfte übertragen werden konnten (§ 1552).

f) Die Haftung der Eheleute aus den Güterständen

Befriedigung der Gläubiger aus dem eingebrachten Gut des Mannes war in der Verwaltungsgemeinschaft nicht vorgesehen (§ 1410). Eine Befriedigung der Gläubiger der Frau aus ihrem eingebrachten Gut war jedoch unter bestimmten Voraussetzungen möglich (§ 1411), wenn der Mann zu dem getätigten Rechtsgeschäft seine Zustimmung gegeben hatte (§ 1412); Sie war nicht möglich, wenn es sich um eine Verbindlichkeit aus einer Erbschaft oder einem Vermächtnis, eines zum Vorbehaltsgut gehörenden Rechtes oder des Besitzes einer dazugehörenden Sache nach Eingehung der Ehe handelte (§§ 1413, 1414 Halbsatz 1). Zu letzterem war dennoch eine Haftung möglich, wenn es zu einem mit Einwilligung des Mannes getätigten Erwerbsgeschäft der Frau gehörte (§ 1414 Halbsatz 2). Das Vorbehaltsgut haftete im Verhältnis der Ehegatten zueinander, bei Verbindlichkeiten der Frau aus einer unerlaubten Handlung während der Ehe oder dem hieraus stattgefundenen Strafverfahren, einem sich auf das Vorbehaltsgut beziehenden Rechtsverhältnis, welches vor der Ehe oder vor dem Vorbehaltseintritt entstanden ist sowie aus einem Rechtsstreit hieraus (§ 1415). Ebenso bei Rechtsstreitigkeiten über die Haftung aus dem Vorbehaltsgut der Ehegatten untereinander (§ 1416). Werden Verbindlichkeiten, die dem Vorbehaltsgut zur Last fallen, aus dem eingebrachten Gut erbracht, so hatte die Frau aus dem verfügbaren Vorbehaltsgut Ersatz zu leisten (§ 1417 S. 1). Der Mann hatte dann aus dem eingebrachten Gut Ersatz zu leisten, wenn eine Verbindlichkeit der Frau im Verhältnis der Ehegatten zueinander nicht dem Vorbehaltsgut zur Last fiel (§ 1417 S. 2). Bei der Gütertrennung trug jeder Ehegatte seine Schulden selbst. Die allgemeine Gütergemeinschaft sah bis zur Beendigung dieses Güterstandes die Haftung des Gesamtguts für alle Verbindlichkeiten unter den gleichen Voraussetzungen wie bei der Befriedigung der Gläubiger der Frau aus dem eingebrachten Gut der Verwaltungsgemeinschaft vor (§§ 1459 bis 1462). Die Voraussetzungen für die im Verhältnis der Ehegatten zueinander anfallende Gesamtgutverbindlichkeiten, die dem Ehegatten zur Last fielen, in dessen Person sie entstanden, entsprachen weitestgehend denen einer Haftung des Vorbehaltsguts der Verwaltungsgemeinschaft (§§ 1463, 1464). Aus der Verwendung des Mannes unter den Gütermassen des Gesamtguts und des Vorbehaltsguts war Ersatz zu leisten (§ 1466). Ein weiterer Ausgleich von Schulden unter den Gütermassen des Gesamt- und des Vorbehaltsguts war erst nach Beendigung der Gütergemeinschaft vorgesehen (§ 1467). Bei der Errungenschaftsgemeinschaft haftete das Gesamtgut für Verbindlichkeiten des Mannes. Jedoch für Verbindlichkeiten der Frau unter den

Voraussetzungen, nach denen eine Befriedigung der Gläubiger aus dem Vorbehaltsgut der Verwaltungsgemeinschaft möglich war (§§ 1530 bis 1533). Die Voraussetzungen für die im Verhältnis der Ehegatten zueinander anfallende Gesamtgutsverbindlichkeiten, die dem Ehegatten zur Last fielen, in dessen Person sie entstanden, entsprachen weitestgehend denen einer Haftung des Vorbehaltsguts der Verwaltungsgemeinschaft (§ 1535). Im Verhältnis der Ehegatten zueinander fielen dem Mann zur Last, Verbindlichkeiten des Mannes vor der Entstehung der Errungenschaftsgemeinschaft, Verbindlichkeiten aus unerlaubten Handlungen des Mannes, die er nach dem Eintritt der Errungenschaftsgemeinschaft begeht oder aus einem Strafverfahren hieraus sowie unter bestimmten Voraussetzungen Verbindlichkeiten des Mannes aus der Verwaltung des eingebrachten Gutes der Frau und einem Rechtsstreit aus diesen ganzen Fällen (§ 1536). Die Haftung der Fahrnisgemeinschaft entsprach den Bestimmungen der allgemeinen Gütergemeinschaft (§ 1549).

3. Die Stellung der Frau im Ehescheidungsrecht

Die Ehescheidung war gem. §§ 1565 bis 1569 BGB im Wege der Klage eines Ehegatten möglich. Voraussetzung war,

1. dass sich der andere Ehegatte des Ehebruchs, der Bigamie, der Sodomie oder der Homosexualität (§§ 171, 175 RStGB) schuldig gemacht hatte (§ 1565);

2. der andere Ehegatte dem einen Ehegatten nach dem Leben trachtete (§ 1566)

3. der eine Ehegatte den anderen Ehegatten böslich verlassen hatte (§ 1567); dies war der Fall, wenn er/sie

a) einem Urteil zur Herstellung der häuslichen Gemeinschaft nicht Folge leistete;

b) sich gegen den Willen des anderen Ehegatten ein Jahr lang von der häuslichen Gemeinschaft fern hielt und die Voraussetzungen für eine öffentliche Zustellung seit mehr als einem Jahr bestanden hatten.

Eine Klage auf Ehescheidung war zudem nach den og. Bestimmungen möglich,

4. wenn der andere Ehegatte durch schwere Verletzung der durch die Ehe begründeten Pflichten oder durch ehrloses oder unsittliches Verhalten eine so tiefe Zerrüttung des ehelichen Verhältnisses verschuldet hatte, dass dem anderen Ehegatten die Fortsetzung der Ehe nicht zugemutet werden konnte. Als schwere Verletzung der Pflichten galt auch die grobe Misshandlung (§ 1568);

5. wenn der andere Ehegatte in Geisteskrankheit verfallen war, die Krankheit mindestens 3 Jahre gedauert und einen Grad erreicht hatte, so dass die geistige Gemeinschaft

zwischen den Ehegatten aufgehoben und „jede Aussicht auf Wiederherstellung der ehelichen Gemeinschaft" (§ 1569) nicht mehr bestand.

In den og. Fällen der §§ 1565 bis 1568 musste das Scheidungsurteil einen Schuldspruch enthalten (§ 1574 Satz 1). Erfolgte von Seiten des schuldig Geschiedenen eine begründete Widerklage, so waren beide Ehegatten unter engen Voraussetzungen für schuldig zu erklären (§ 1574 Satz 2). Das Recht auf Scheidung konnte durch Verzeihung erlöschen (§ 1570).

4. Die Stellung der Frau im Unterhaltsrecht nach einer Scheidung

Eine der Ehe entsprechende, standesgemäße Unterhaltspflicht des allein für schuldig erklärten Mannes bestand gem. § 1578 Satz 1, „soweit" die Frau den Unterhalt nicht aus Vermögen oder, falls während der Ehe üblich, aus Erwerbarbeit allein bestreiten konnte. Die standesgemäße Unterhaltspflicht der allein für schuldig erklärten Frau gegenüber dem Mann bestand, „insoweit als" der Mann „außerstande" war, „sich selbst zu unterhalten." (§ 1578 S. 2). Der allein für schuldig erklärte Unterhaltspflichtige hatte bei Gefährdung seines eigenen Unterhalts ein Zurückbehaltungsrecht (2/3 der verfügbaren Einkünfte oder in angemessener Höhe). Im Falle der Wiederverheiratung entsprechend dem Gesichtspunkt der Billigkeit aller Beteiligten (§ 1579 S. 1 und 2). Vermochte jedoch die Frau aus ihrem Vermögen ihren Unterhalt zu bestreiten, so war der Mann von seiner Unterhaltspflicht befreit (§ 1579 letzter Satz).

II. Reformprojekte des Eherechts in der Weimarer Republik und die Forderungen der Mitglieder des Deutschen Juristinnenvereins hierzu

In der Weimarer Republik verlief die Reformdiskussion zum Ehe- und Ehegüterrecht folgendermaßen:

1. Ehe und Ehegüterrecht

Der Verfassungsauftrag in Art. 119 Abs. 2 Satz 2 WRV postulierte: „Die Ehe beruht auf der Gleichberechtigung der beiden Geschlechter".

a) Die Verhandlungen auf dem 33. Deutschen Juristentag

Auf dem 33. Deutschen Juristentag vom 11. bis 13. September 1924 fand erstmals eine Diskussion über eine Änderung des ehelichen Güterrechts statt. Vom Deutschen Juristinnenverein als solche vertretene Forderungen liegen nicht vor. Jedoch fand ein unter Beteiligung von Frau Dr. Marie Munk erarbeiteter Vorschlag eine fast einstimmige Annahme.[190]

aa) Forderungen von Frau Dr. jur. Marie Munk

Frau Dr. Marie Munk sah in dem gesetzlichen Güterstand der Verwaltungsgemeinschaft einen Widerspruch in der Anerkennung der Frau als selbständige Rechtspersönlichkeit und plädierte für die Einführung eines gesetzlichen Güterstandes der „Gütertrennung in Verbindung mit einer Beteiligung am Ehegewinn", verbunden mit der Möglichkeit der Frau, ihr Vermögen zur Verwaltung dem Ehemann zu überlassen.[191] Hierbei setzte sie die Aufrechterhaltung des Güterstandes der Verwaltungsgemeinschaft und die Güterstände der Fahrnis-, Errungenschafts- und allgemeinen Gütergemeinschaft als vertragliche Güterstände voraus.[192] Das von den Ehegatten eingebrachte Vermögen (Sondergut) sollte in einem beim Standesamt oder Vormundschaftsgericht geführten Inventarverzeichnis festgehalten und von dem nach Auflösung oder Scheidung der Ehe vorhandenen Gesamtvermögen ausgesondert werden (Ehegewinn). Zwischen den Ehegatten sollte es bei Auflösung der Ehe oder Beendigung des Güterstandes zu einer hälftigen Teilung des Ehegewinns in Geld kommen.[193] Abweichende Regelungen durch Ehevertrag sollten möglich sein. Im Falle des Todes sollte den Erben des Ehegatten eine Abfindung zufließen. Die Lasten und Verbindlichkeiten des Sondergutes sollten ausschließlich von dem betreffenden Ehegatten; in Ermangelung der erforderlichen Mittel sollten diese Lasten und Verbindlichkeiten durch den Mann ohne Festlegung eines Erstattungsanspruches gegen die Frau, entsprechend Billigkeit getragen werden. Fernerhin sah der Vorschlag von Frau Dr. Marie Munk unter bestimmten engen wirtschaftlichen Voraussetzungen (Verschwendung, Verminderung unter der Absicht der Benachteiligung) die Klage auf Aufhebung der Gewinnbeteiligung während der Ehe, aber auch bei dauerndem Getrenntleben der Ehegatten, vor.[194] Eine Abänderung der in § 1362 S. 1 zugunsten der Gläubiger des Ehemannes gesetzlich fixierten Eigentumsvermutung sollte nur noch bei der im Besitz des Mannes oder beider Ehegatten befindlichen beweglichen Sachen eintreten.[195] Eigentum im Verhältnis der Ehegatten zueinander sollte nur bei der Nichtnachweislichkeit des Eigentums

---

[190] Schriftführer-Amt der ständigen Deputation (Hrsg.),Verhandlungen des 33. Deutschen Juristentages (Heidelberg), Berlin/Leipzig, 1925, S. 325 bis 384, S. 384
[191] Mitberichterstatterin Frau Dr. Munk in Verhandlungen des 33. Deutschen Juristentages, Schriftführer-Amt der ständigen Deputation (Hrsg.), S. 339 bis 344, 339, 340
[192] Mitberichterstatterin Frau Dr. Munk, ebd., S. 342, 343
[193] Mitberichterstatterin Frau Dr. Munk, ebd., S. 340
[194] Mitberichterstatterin Frau Dr. Munk, ebd., S. 340 bis 342
[195] Mitberichterstatterin Frau Dr. Munk, ebd., S. 342, 343

eines Ehegatten eintreten.[196] Würde einer der Ehegatten schuldig geschieden, so hätte der andere Ehegatten durch Erklärung im Scheidungsprozeß die Gewinnbeteiligung für ihn ausschließen können. Haushaltsgegenstände wären nach den Gesichtspunkten der Entbehrlichkeit und Unentbehrlichkeit, im Falle Nichteinigung der getrennt lebenden Partner, durch das Vormundschaftsgericht, zu regeln.[197]

Diese Vorschläge mussten nach Auffassung von Frau Dr. Marie Munk auch grundsätzliche Wirkungen auf das Rechtsverhältnis der Partner während der Ehe zeitigen. Die Bestimmungen des § 1356 BGB über die Leitung des gemeinschaftlichen Hauswesens sollten dahingehend erweitert werden, dass jeder der Ehegatten verpflichtet sein sollte durch Zuschuss in Geld zu den Lasten des gemeinsamen Lebens beizutragen. Auch der Mann sollte gesetzlich zu einem Beitrag in Form der Tätigkeit im Hauswesen und zur Leistung eines geldlichen Zuschusses, der sich auch auf die persönlichen Bedürfnisse der Frau erstrecken sollte, rechtlich verpflichtet werden. Konsequent musste ihm zukünftig die Beschränkung der Schlüsselgewalt gegenüber der Frau nur mit Genehmigung des Vormundschaftsgerichts und die Kündigung von Arbeitsverträgen der Frau gegenüber Dritten untersagt sein. Für Verpflichtungen aus der gemeinschaftlichen Haushaltsführung sah ihr Vorschlag eine gesamtschuldnerische Haftung, jedoch die Vollstreckung in das Vermögen der Frau lediglich bei Zahlungsunfähigkeit des Mannes vor.[198]

bb) Stellungnahmen der Mitberichterstatter

Neben Frau Dr. Marie Munk beteiligten sich Herr Geh. Justizrat Prof. Dr. Kipp, Berlin und Senatspräsident Prof. Dr. Wieruszowski, Köln, an der Reformdiskussion.

aaa) Prof. Dr. Kipp, Berlin

Der zweite Berichterstatter, Herr Geh. Justizrat Prof. Dr. Kipp, Berlin, kommentierte den Vorschlag von Frau Dr. jur. Marie Munk zur Streichung des gesetzlichen Güterstandes der Verwaltungsgemeinschaft „nicht bloß als einen Akt des formalen Gehorsams gegen Reichsverfassung Art. 119, sondern eine Forderung der Gerechtigkeit."[199] Er würdigte den Zugewinn im Falle der Gütertrennung insbesondere als „Die Forderungen der Frauen nach einer solchen Beteiligung" die wegen „des Wertes der Leis-

---

[196] Mitberichterstatterin Frau Dr. Munk, ebd., S. 342 und 343
[197] Mitberichterstatterin Frau Dr. Munk, ebd., S. 340 bis 342
[198] Mitberichterstatterin Frau Dr. Munk, ebd., S. 343, 344
[199] Berichterstatter Prof. Dr. Kipp in Verhandlungen des 33. Deutschen Juristentages, S. 344 bis 357, S. 345

tungen der Frau als Hausfrau und Mutter [..] gerechtfertigt" [200] ist. Er ergänzte die Ausführungen von Frau Dr. Marie Munk noch dahingehend, dass eine vermögensrechtliche Haftung beider Ehegatten aus der Ausübung der Schlüsselgewalt des Mannes, im Übrigen jedoch getrennt erfolgen soll.[201] Für den Bedarf des täglichen Lebens und die Unterhaltspflicht sollen beide Ehegatten unter Berücksichtigung ihrer Leistungsfähigkeit gemeinsam aufkommen. Er sprach sich jedoch gegen eine Streichung des § 1358 aus.[202] In dem Falle, indem auf Verlangen eines Ehepartner die Ehe geschieden wird, sollte dieser den Zugewinn verlieren.[203] Prof. Kipp sieht eine Vereinfachung des Munk'schen Vorschlags dahingehend, dass nur dasjenige der Halbteilung unterliegt, worum der Zugewinn des einen den des anderen Ehegatten übersteigt.[204] Der Forderung nach einer vorzeitigen Aufhebung der Gewinnbeteiligung bei der Vermögensgefährdung des anderen Ehegatten vermochte er sich aus dem Gesichtspunkt der Unvorteilhaftigkeit im Falle einer positiven Änderung der Vermögensverhältnisse nicht anzuschließen. Ebenso hielt er den Vorschlag von Frau Dr. Munk im Falle offenbarer Unbilligkeit eine andere als die hälftige Teilung des Zugewinns vorzusehen, für zu weitgehend.[205]

bbb) Prof. Dr. Wieruszowski, Köln

Der Senatspräsident Prof. Dr. Wieruszowski, Köln, brachte neben seiner grundsätzlichen Zustimmung zur Einführung eines Güterstandes, der auch die wirtschaftlichen Leistungen beider Ehegatten in Zeiten der Ehe honoriert, seine grundsätzlichen Bedenken gegenüber den von Frau Dr. jur. Marie Munk vorgetragenen und auf der Dissertation von Frau Dr. jur. Margarete Berent fußenden Ausführungen zum Ausdruck. Insbesondere verwies er auf ihre noch fehlende praktische Erprobung in den nordischen Rechtskreisen.[206] Er warf insbesondere die Frage auf, ob „die Eheleistungen der Frau wirklich materiell so hoch zu bewerten" sind „dass sie einen Anspruch auf die Hälfte des ehemännlichen Zugewinstes rechtfertigen?".[207] Er stellt in diesem Zusammenhang fest, dass „Der Vermögenserwerb des Mannes [..] zum allerwesentlichsten Teile auf der Entfaltung seiner Erwerbskraft [..] beruht., sodass „er sich auch

---

[200] Berichterstatter Prof. Dr. Kipp, ebd., S. 345, 346
[201] Berichterstatter Prof. Dr. Kipp, ebd., S. 352
[202] Berichterstatter Prof. Dr. Kipp, ebd., S. 350, 351
[203] Berichterstatter Prof. Dr. Kipp, ebd., S. 355
[204] Berichterstatter Prof. D. Kipp, ebd., S. 354
[205] Berichterstatter Prof. Dr. Kipp, ebd., S. 355, 356
[206] Berichterstatter Prof. Dr. Wieruszowski in Verhandlungen des 33. Deutschen Juristentages, S. 357 bis 369, S. 359, 367
[207] Berichterstatter Prof. Dr. Wieruszowski, ebd., S. 361

den Hauptteil am Erfolge zuschreiben" darf. „In Handwerker- und Arbeiterkreisen mag die Haushaltsführung der Frau in höherem Maße zur Erzielung von Ersparnissen mitwirken; aber auch hier reicht diese Mitwirkung nicht an den Anteil, den die Arbeit des Mannes am Erfolge hat."[208] Er sieht zudem bei Verwendung des unbestimmten Rechtsbegriffs der Unbilligkeit als Auslöser für die Festlegung einer anderen Teilung als der hälftigen Teilung des Zugewinns gravierende Praxisprobleme.[209] Einem Vermögensverzeichnis für das Sondergut spricht er ohne Begründung den Erfolg ab.[210] Der Argumentation von Prof. Kipp über eine vorzeitige Aufhebung der Gewinnbeteiligung tritt er bei.[211] Die Möglichkeit der Aufhebung der Gewinnbeteiligung im Falle des Getrenntlebens der Ehegatten sieht er unter der Folge des sich hieraus ergebenden sofortigen Ausgleichs als „eine Prämie auf die Loslösung" von der ehelichen Gemeinschaft an.[212]

cc) Gegenstellungnahme Dr. Marie Munk und Entschließung des 33. Deutschen Juristentages

Die dezidierte Gegenstellungnahme von Frau Dr. Marie Munk, in der sie auf der Grundlage neben einer eingehenden Rechtsschilderung über den Beitrag der Frau am persönlichen und wirtschaftlichen Fortkommen des Mannes[213] ihren Vorschlag verteidigt und insbesondere den von ihr in Anlehnung an die Dissertation von Frau Dr. Magarete Berent verwendeten Begriff der „Zugewinstgemeinschaft" in die andere Festlegung „Gütertrennung in Verbindung mit einer Gewinnbeteiligung beider Ehegatten" überführt.[214] Was letztendlich die fast einstimmige Annahme des von Herrn Prof. Dr. Kipp, Berlin, vorgetragenen Rechtsänderungsvorschlags zur Folge hatte.[215] Der 33. Deutsche Juristentag endete mit folgender Entschließung: „ Als künftiges gesetzliches eheliches Güterrecht empfiehlt sich die Gütertrennung in Verbindung mit einer Beteiligung beider Gatten an der Errungenschaft."

---

[208] Berichterstatter Prof. Dr. Wieruszowski, ebd., S. 361
[209] Berichterstatter Prof. Dr. Wieruszowski, ebd., S. 362
[210] Berichterstatter Prof. Dr. Wieruszowski, ebd., S. 363
[211] Berichterstatter Prof. Dr. Wieruszowski, ebd., S. 365
[212] Berichterstatter Prof. Dr. Wieruszowski, ebd., S. 366
[213] Stellungnahme von Frau Dr. Munk zum Bericht von Prof. Dr. Wieruszowski in Verhandlungen des 33. Deutschen Juristentages, S. 369 bis 380, S. 370 bis 372
[214] Stellungnahme von Frau Dr. Munk zum Bericht von Prof. Dr. Wieruszowski, ebd., S. 369 bis 380, S. 369, 370
[215] Verhandlungen des 33. Deutschen Juristentages, S. 325 bis 384, S.369, 380, 384

Eheverträge sind, wie bisher, zuzulassen."[216] Die og. drei Berichterstatter, Frau Dr M. Berent und Frau Dr. Marie Munk berichteten über die Verhandlungen und die Entschließung in verschiedenen Fachzeitschriften.[217]

dd) Unterstützung eines sachlichen Diskussionsverlauf innerhalb der Frauenbewegung durch Mitglieder des Deutschen Juristinnenvereins

Wie sehr die Mitglieder des Deutschen Juristinnenvereins innerhalb der Frauenbewegung bemüht waren die Reformdiskussion auf eine sachliche Grundlage zu stellen, zeigt beispielhaft die Veröffentlichung von Frau Dr. Emmy Rebstein-Metzger in der Zeitschrift Die Frau, 34. Jahrgang, Heft 9, Juni 1927, auf den Seiten 522 bis 527 unter dem Titel „Gütertrennung oder Gütergemeinschaft ?" als eine Reaktion auf einen Bericht von Frau Camilla Jellinek mit dem Titel „Der Jammer des ehelichen Güterrechts" in der Zeitschrift Die Frau, 34. Jahrgang, Heft 7, April 1927, Seite 409 bis 417. Frau Dr. Emmy Rebstein-Metzger urteilt, dass in dem Bericht von Frau Camilla Jellinek „in die Augen" springt, „dass es sich nicht um eine rechtliche Beurteilung von Tatsachen handelt, sondern lediglich um die Aufführung der Tatsachen selbst."[218] Ein gutes Indiz dafür, dass es den Mitgliedern des Deutschen Juristinnenvereins sehr stark um eine objektive Behandlung der sozialpolitisch brisanten Thematik und um eine profunde Aufklärung der weiblichen Bevölkerung ging.

b) Weitere legislative Entwicklung

Das Ergebnis des Deutschen Juristentages führte zu einer im Jahre 1928 von Seiten des Reichsjustizministeriums initiierten Länderumfrage unter Beifügung eines sich aus den Erörterungen des Deutschen Juristentages ergebenden umfangreichen Fragenkatalogs.[219]

Die Reaktionen der Länder auf den Fragenkatalog des 33. Deutschen Juristentages erstreckten sich zeitlich bis in das Jahr 1929 hinein. Eine Rechtsänderung wurde überwiegend positiv aufgenommen. Die Meinungen gingen insbesondere hinsichtlich

---

[216] Verhandlungen des 33. Deutschen Juristentages, S. 384
[217] Berent, Margarete, Die Reform des ehelichen Güterrechts a.d. 33. Deutschen Juristentag in Die Frau, 32. Jahrgang, Heft 1, Oktober 1924, S. 15-16; Kipp, Wieruszowski und Munk, Welche Richtlinien sind für die zukünftige Gestaltung des ehelichen Güterrechts aufzustellen ? in JW, 53. Jahrgang, 1924, Heft 23, S. 1816 bis 1819; Munk, Marie, Die Umgestaltung des ehelichen Güterrechts in Die Frau, 32. Jahrgang, Heft 2, November 1924, S. 39 bis 44
[218] Rebstein-Metzger, Fanny (Druckfehler !), Gütertrennung oder Gütergemeinschaft in Die Frau, 34. Jahrgang, Heft 9, Juni 1927, S. 522 bis 527, S. 523
[219] Schubert, Werner, Die Projekte der Weimarer Republik zur Reform des Nichtehelichen-, des Adoptions- und des Ehescheidungsrechts, Paderborn/München/Wien/Zürich, 1986, Die Entwicklung des Familienrechts in der Weimarer Republik, IV. Zur Reform des ehelichen Güterrechts, S. 92 bis 95

der Einführung einer Gütertrennung, der Verteilung des während der Ehe gemein-schaftlich erreichten Zugewinns und im Hinblick auf eine beschränkte Verfügungsge-walt der berufstätigen Frau auf das eingebrachte Gut auseinander.[220] Die Länderumfra-ge hatte keine weitere Regierungsinitiative zur Folge. Bis zum Ende der Weimarer Republik gab es keine amtlichen Gesetzesentwürfe.[221]

c) Die Verhandlungen des 36. Deutschen Juristentages

Auf dem 36. Deutschen Juristentag erstattete Frau Dr. Emmy Rebstein-Metzger, zu der Frage „Inwieweit bedürfen die familienrechtlichen Vorschriften des Bürgerlichen Gesetzbuches mit Rücksicht auf den die Gleichberechtigung der Geschlechter ausspre-chenden Art. 119 Abs. 1 Satz 2 R.verf. einer Änderung?"[222] ein Gutachten.

aa) Forderungen von Frau Dr. Emmy Rebstein-Metzger

Die Ausführungen von Frau Dr. Emmy Rebstein-Metzger bezogen sich auf das persönliche Eherecht, das eheliche Güterrecht und die elterliche Gewalt.[223] Sie legt ihren Ausführungen die Veröffentlichungen und Gutachten von Frau Marianne Weber, Ehefrau und Mutter in der Rechtsentwicklung (1907), die Denkschrift des Bundes Deutscher Frauenvereine, verfasst von Frau Dr. jur. Marie Munk, über Vorschläge zur Umgestaltung des Rechts der Ehescheidung und der elterlichen Gewalt (1923) sowie die Veröffentlichung über die Verhandlungen des 33. Deutschen Juristentages (1924) die Richtlinien für die zukünftige Gestaltung des ehelichen Güterrechts betreffend, zugrunde.[224] Im weiteren wird lediglich auf die von Frau Dr. Emmy Rebstein-Metzger gemachten Ausführungen zum persönlichen Eherecht und zum ehelichen Güterrecht Bezug genommen. Auf der Basis der Bestimmung des Art. 119 Abs. 1 Satz 2 WRV stellt Frau Dr. Rebstein-Metzger fest, dass es sich bei dieser Bestimmung „nicht um aktuelles Recht, sondern um eine Richtlinie für künftige Gesetzgebung handelt."[225] Zivilrechtliche Bestimmungen jedoch, die eine Über- oder Unterordnung des einen Ehegatten unter den anderen vorsehen, hält sie jedoch mit den Prinzipien des Art. 119 Abs. 1 Satz 2 WRV nicht vereinbar.[226] Sie vergleicht die gegenwärtige Rechtslage mit dem in letzter Zeit eingetretenen sozialen Wandel und beobachtet eine Entwicklung

---

[220] Schubert, Werner, ebd., S. 95, 96
[221] Schubert, Werner, ebd., S. 92
[222] Gutachten von Frau Dr. Rebstein-Metzger in Verhandlungen des 36. Deutschen Juristentages, Schriftführer-Amt der ständigen Deputation (Hrsg.), Berlin/Leipzig, 1930, S. 540 bis 591
[223] Gutachten von Frau Dr. Rebstein-Metzger, S. 547
[224] Gutachten von Frau Dr. Rebstein-Metzger, S. 548
[225] Gutachten von Frau Dr. Rebstein-Metzger, S. 540
[226] Gutachten von Frau Dr. Rebstein-Metzger, S. 541

der wirtschaftlichen, kulturellen und sozialen Stellung der Frau, weg von der Haus-, hin zur „Berufsfrauenehe"[227], um zu konstatieren, dass sich diese gesellschaftliche Situation mit der Rechtslage nach dem BGB von 1896 nicht mehr vereinbaren ließe.[228] Auch wenn Art. 119 Abs. 1 Satz 2 WRV als geltendes Recht nicht besteht, kommt Frau Dr. jur. Emmy Rebstein-Metzger in ihrem Gutachten zu dem Ergebnis, dass die Bestimmung der WRV „im Grunde nur das Fazit aus" dieser „klaren Entwicklung"[229] gezogen habe, was jedoch nicht für sie bedeutet, dass damit eine Entwicklung zu einem „Rechtszwang der Frau zum Doppelberuf"[230] eröffnet sei. Die Frau soll deshalb zur Erwerbsarbeit nur verpflichtet sein, wenn sie „für Haushaltsführung und Kinderpflege entbehrlich und der Einsatz der Erwerbskraft [..] für die Beschaffung des ehelichen Aufwandes notwendig ist."[231] Konsequent tritt sie daher im Bereich des persönlichen Eherechts dafür ein, dass beide Eheleute mit Zustimmung des anderen den Namen des jeweils anderen Ehegatten frei wählen, ggf.. den Namen des Ehegatten dem eigenen Namen anfügen können; sie tritt ein für „eine elastische Formel" der gemeinsamen Verpflichtung der Eheleute für eine gemeinschaftliche Haushaltsführung[232], für das gemeinschaftliche Bestreiten des ehelichen Unterhalts[233], gegen eine allein durch den Mann auszusprechende Beschränkung der Schlüsselgewalt und für eine Streichung des § 1358 BGB.[234] In den „Rechtsfolgen" einer alleinigen Wahl des Wohnorts und der Wohnung durch den Mann (§ 1354 BGB) sieht sie die Eheleute „mit wie ohne gesetzliches Entscheidungsrecht in Prozessen auf Herstellung der häuslichen Gemeinschaft und in Scheidungsprozessen (austragen)"[235] und plädiert aus diesem Grunde für eine Streichung des § 1354 BGB.[236] Sie sieht eine Haftung der Ehefrau wie ein Bürge mit Einrede der Vorausklage für Schulden in Ausübung der Schlüsselgewalt vor.[237] Im gesetzlichen Güterrecht schließt sie sich den Ausführungen und der Entschließung des 33. Deutschen Juristentages weitestgehend an[238], weil „der Gleichbe-

---

227 Gutachten von Frau Dr. Rebstein-Metzger, S. 545
228 Gutachten von Frau Dr. Rebstein-Metzger, S. 542 bis 544, 545,546
229 Gutachten von Frau Dr. Rebstein-Metzger, S. 545
230 Gutachten von Frau Dr. Rebstein-Metzger, S. 550
231 Gutachten von Frau Dr. Rebstein-Metzger, ebd.
232 Gutachten von Frau Dr. Rebstein-Metzger, S. 551, 552
233 Gutachten von Frau Dr. Rebstein-Metzger, S. 555
234 Gutachten von Frau Dr. Rebstein-Metzger, S. 553
235 Gutachten von Frau Dr. Rebstein-Metzger, S. 567
236 Gutachten von Frau Dr. Rebstein-Metzger, S. 566, 567
237 Gutachten von Frau Dr. Rebstein-Metzger, S. 553
238 Gutachten von Frau Dr. Rebstein-Metzger, S. 569

rechtigungsgedanke die Sicherung der vollen Selbständigkeit jedes Ehegatten in der Verwaltung und Nutzung seines Vermögens" [239] verlangt.

Sie plädiert für den Güterstand der Gütertrennung verbunden mit einer Errungenschaftsbeteiligung beider Ehegatten nach Eheauflösung.[240] Eine vertragliche Änderung des hälftigen Anteils des Zugewinns möchte sie eröffnen. Um Sicherungsmaßnahmen im Fall der Scheidung zu treffen, räumt sie dem Zugewinngläubiger ein gesetzliches Forderungsrecht auf Auskehrung und die Möglichkeit der Einrichtung eines Inventarverzeichnis über das gesamte Vermögen ein.[241] Auf Kritik stoßen jedoch die Ausführungen des 33. Deutschen Juristentages, nach der noch der Güterstand der Verwaltungsgemeinschaft verbunden mit dem einseitigen Verwaltungsrecht des Mannes als vertragsmäßiger Güterstand fortgeführt werden soll. Sie begründet ihre Kritik mit dem Erfordernis der „wirtschaftliche[n] Sicherung des Frauenvermögens" und der Unkenntnis „der Bevölkerung" über den Güterstand der Verwaltungsgemeinschaft, als dass er in der Praxis, z.B. in Süddeutschland, eine Verbreitung fände und verweist auf die in der Rechtspraxis immer häufiger anzutreffenden Gütertrennungsverträge sowie auf die Bestimmungen des BGB über die Gesellschaft (§ 705 ff. BGB), nach denen die mehrhändige Verwaltung von Vermögen rechtlich nicht neu sei.[242] Deshalb fordert sie bei Beibehaltung der Verwaltungsgemeinschaft eine gemeinschaftliche Verwaltung beider Ehegatten. Einer Aufhebung des vertragsmäßigen Güterstandes der Gütergemeinschaft im Klagewege stimmt sie nur unter den mit den §§ 123, 138 BGB verbundenen strengen Anforderungen uneingeschränkt zu[243], um „damit eine gewisse Zurückdrängung des Schutzes der Frau als des wirtschaftlich schwächeren Teils"[244] entgegen zu wirken. Eine vertragliche Vereinbarung der Ehegatten über die alleinige Übertragung der Verwaltung des Gesamtgutes schließt sie ebenfalls nicht aus.[245]

bb) Stellungnahme von Dr. Dronke, Frankfurt a.M.

Der Oberlandesgerichtspräsident Dr. Dronke, Frankfurt a.M., schließt sich hinsichtlich des ehelichen Güterrechts grundsätzlich den Ausführungen des

---

[239] Gutachten von Frau Dr. Rebstein-Metzger, S. 568 bis 575, 568
[240] Gutachten von Frau Dr. Rebstein-Metzger, S. 570 bis 573
[241] Gutachten von Frau Dr. Rebstein-Metzger, S. 572, 573, 575
[242] Gutachten von Frau Dr. Rebstein-Metzger, S. 575, 576, 579
[243] Gutachten von Frau Dr. Rebstein-Metzger, S. 576, 577
[244] Gutachten von Frau Dr. Rebstein-Metzger, S. 576, 577
[245] Gutachten von Frau Dr. Rebstein-Metzger, S. 581

33. Deutschen Juristentages an.[246] Hinsichtlich der Erwerbstätigkeit der Ehefrau schließt er sich den Ausführungen von Frau Dr. Emmy Rebstein-Metzger an.[247] Die Verpflichtung zu einem gemeinsamen Beitrag der Eheleute zum Unterhalt will Dr. Dronke mit folgender Bestimmung entsprechen: „Der Unterhalt ist in der durch die eheliche Lebensgemeinschaft gebotenen Weise zu gewähren. Die Vorschriften der §§ 1605, 1613, bis 1615 gelten entsprechend."[248] § 1357 soll so gefasst werden, dass „Bei Rechtsgeschäften für die eheliche Lebensgemeinschaft [..] der Mann die Frau, die Frau innerhalb ihres häuslichen Wirkungskreises den Mann (Schlüsselgewalt); [vertritt] die Vorschrift des § 1354 bleibt unberührt."[249] Diese Vorstellungen fußen auf seiner Überzeugung, dass „Materielle Gleichberechtigung [..] herrschen [soll], nicht formelle, gleiche Anspannung, nicht gleicher Erfolg [..] .insbesondere dem Bedürfnisse und der Üblichkeit, aber auch nach dem Umfange der häuslichen Tätigkeit bemisst sich dann, ob die Frau daneben noch Erwerbstätigkeit ausüben kann und dann je nach den Umständen d a r f oder muß."[250]

cc) Stellungnahme von Frau Dr. Marie Munk zum Gutachten von Frau Dr. Emmy Rebstein-Metzger

Frau Dr. jur. Marie Munk differenziert im Vorfeld der auf dem Deutschen Juristentag zu erwartenden Diskussion die Haftungsfrage für Schulden bei Ausübung der Schlüsselgewalt. Sie macht die Haftung von der Tatsache abhängig, ob „der Mann in erster Linie die Kosten des ehelichen Haushalts zu bestreiten hat".[251] Der Streichung des § 1354 BGB tritt sie mit der Argumentation entgegen, dass die Möglichkeit der Anrufung des Vormundschaftsgericht „Schutz des Schwächeren" sei.[252]

dd) Kritik durch Frau Dr. Margarete Berent

In der Veröffentlichung „Die Neugestaltung des Familienrechts" in der Zeitschrift Die Frau[253] hat Frau Dr. Margarete Berent die Ausführungen im Gutachten von Frau Dr. Emmy Rebstein-Metzger und Herrn Dr. Ernst Dronke kritisiert. Den von Herrn Dr.

---

[246] Gutachten von Dr. Ernst Dronke in Verhandlungen des 36. Deutschen Juristentages, ebd., S. 592 bis 630, S. 606 bis 608
[247] Gutachten von Dr. Ernst Dronke, ebd., S. 601
[248] Gutachten Dr. Ernst Dronke, ebd., S. 599
[249] Gutachten Dr. Ernst Dronke, ebd., S. 601
[250] Gutachten Dr. Ernst Dronke, ebd., S. 599, 601 Hervorhebung durch Verfasserin
[251] Munk, Marie, Inwiefern bedürfen die familienrechtlichen Vorschriften des BGB mit Rücksicht auf den die Gleichberechtigung der Geschlechter aussprechenden Art. 119 Abs. 1 Satz 2 RV einer Änderung ? in DRiZ 1931, S. 301 bis 303, S. 300
[252] Munk, Marie, s. Fußnote 252, S. 302
[253] Berent, Margarete, Die Neugestaltung des Familienrechts in Die Frau, 38. Jahrgang, Heft 12, September 1931, S. 725 bis 730

Dronke vorgeschlagenen Wortlaut zur Gewährung des ehelichen Unterhalts interpretiert sie als rechtlichen Ausdruck fortgeführter wirtschaftlicher Abhängigkeit der Frau, die „wegen jeder Kleinigkeit bitten oder anfragen oder Rechnung legen"[254] muss. In der von Frau Dr. Emmy Rebstein-Metzger und Herrn Dr. Dronke gemachten Vorschläge zur Schuldenhaftung aus der Schlüsselgewalt sieht sie eine wirtschaftliche Benachteiligung der Frau, als das Vermögen der Frau „dem Zugriff der Gläubiger des Mannes ausgeliefert" werden würde.[255] Sie wendet sich zudem gegen die Erwägungen von Frau Dr. Emmy Rebstein-Metzger, die Verwaltungsgemeinschaft sei im norddeutschen Raum nicht heimisch geworden und deshalb vertraglich nicht zuzulassen, mit Hinweis auf frühere Bestimmungen des Sachsenspiegel. Sie argumentiert gegen den Güterstand der Gütergemeinschaft: Er sei ein Widerspruch zum Gedanken der Gleichbehandlung im Sinne einer „Gemeinschaft des wirtschaftlichen Schicksals [Zugewinstgemeinschaft]".[256]

ee) Entschließung des 36. Deutschen Juristentages

Der 36. Deutsche Juristentag endete mit folgender Entschließung:

1„Die das Rechtsverhältnis der Ehegatte [..].regelnden Teile des Familienrechts des BGB. Können nicht nur wegen der in der Reichsverfassung ausgesprochenen Gleichstellung der Geschlechter nicht mehr aufrechterhalten werden; auch die veränderten wirtschaftlichen, sozialen und kulturellen Funktionen der Frauen verlangen dies. Die Durchsetzung dieses Grundsatzes erfordert die Änderung der bestehenden gesetzlichen Bestimmungen auf folgenden Gebieten: 1. Des persönlichen Eherechts, 2. Des gesetzlichen und vertraglichen Güterrechts [..] Die in den Gutachten, Referaten und Verhandlungen enthaltenen Gesetzesvorschläge bilden eine geeignete Grundlage für die Umgestaltung des Ehe-rechts im Sinne des Art. 119 RV [..] -Gegen eine Stimme angenommen."[257]

2. Ehescheidungsrecht

Ein Verfassungsauftrag bestand wegen formaler Gleichberechtigung nicht. Angesichts der hohen Scheidungszahlen wurde von weiten Kreisen der Bevölkerung die Forderung erhoben, das Verschuldensprinzip durch den Scheidungsgrund der Zerrüttung abzulösen oder zumindest zu ergänzen. Das Scheidungsrecht war aufgrund von zwei

---

[254] Berent, Margarete, ebd., S. 727
[255] Berent, Margarete, ebd., S. 728, 729
[256] Berent, Margarete, ebd., S. 729: Sie bezieht sich hierbei nicht auf einzelne Vorschriften des Sachsenspiegels.
[257] Verhandlungen des 36. Deutschen Juristentages, Berlin/Leipzig 1930, Band 2, S. 141, 142

Aspekten von besonderem rechtspolitischem Interesse. Waren die Scheidungsvoraus-
setzungen vorwiegend geschlechtsneutral, legten die Unterhaltsregelungen die soziale
Differenzierung zwischen Männern und Frauen im Schuldspruch offen. In Preußen
wurden von 10.000 Ehen 1914 14,66 Ehen geschieden. 1919 waren es 19,45 Ehen von
13.352 bestehenden Ehen. 1921 waren es bereits 35,52 Ehen von bestehenden 25.160
und 32,26 von 23.711 bestehenden Ehen, um sich in den Jahren 1923 bis 1929 auch
weiterhin auf die Scheidungsziffer von 30 einzupendeln.[258] Als Scheidungsgrund
überwogen Ehebruch und eheliche Pflichtverletzung (§ 1568). „In den 1920er Jahren
überwog zwar die Zahl der *allein* für schuldig erklärten Männer die der *allein* für
schuldig erklärten Frauen, doch in einem beträchtlichen Umfang wurde beiden, Mann
und Frau, die Schuld am Scheitern ihrer Ehe gegeben."[259] Die existentielle Bedeutung
der Schuldzuweisung ist in ihren rechtlichen Verknüpfungen mit der Unterhaltsver-
pflichtung und der Personensorge für die Kinder nicht 'hart' beweis-, aber sehr
greifbar.[260]

a) Der Änderungsentwurf des Jahres 1922

Die Reformbestrebungen konzentrierten sich verstärkt auf eine Änderung des § 1568.
Mit dem 12.02.1922 wurde erstmals ein Referentenentwurf des Justizministeriums an
die Länder versandt. Der Änderungsvorschlag sah eine Scheidung wegen Zerrüttung
unabhängig vom Verschulden der Ehegatten vor. Die Länder standen dem Vorschlag
skeptisch gegenüber. Insbesondere Bayern, stellvertretend für die ablehnende Haltung
von vier Ländern, sahen in dem Vorschlag schlichtweg „einen Systemwechsel im
Scheidungsrecht"[261] einen Anreiz „zur leichtfertigen Abstreifung der ehelichen
Bande"[262] sowie daraus resultierende „ernsteste Gefahren für Bestand und Ansehen der
Ehe und Familie, der Volkssittlichkeit und des Staates"[263]. Eine Umfrage bei Gericht
hätte ergeben, dass die Rechtspraxis eine Änderung der Scheidungsgründe entbehrlich
mache, d.h. der „Begriff der Schuld [..] in der Hand eines verständigen Richters [..]
richtig, d.h. verinnerlicht und vertieft und abgestellt auf die seelische Veranlagung und

---

[258] Blasius, Dirk, Ehescheidung in Deutschland 1794 - 1945, Scheidung und Scheidungsrecht in
historischer Perspektive, Göttingen, 1987, S. 157, 158
[259] Blasius, Dirk, ebd., S. 160
[260] Blasius, Dirk, ebd., S 161
[261] Schubert, Werner, Die Projekte der Weimarer Republik zur Reform des Nichtehelichen-, des
Adoptions- und Ehescheidungsrechts, Paderborn/München/Wien/Zürich, 1986, Die Entwicklung des Familienrechts in der Weimarer Republik, III. Zur Reform des Ehescheidungsrechts, S. 82
bis 92, S. 85
[262] Schubert, Werner, ebd., S. 85
[263] Schubert, Werner, ebd., S. 85

die Bildung der Eheleute [..] zum Ziele" führe.[264] Die befürwortenden Länderstellungnahmen plädierten für Modifikationen; insbesondere Preußen sprach sich für die Beibehaltung des jetzigen 1568 Satz 1 als Satz 2 aus, d.h. gedachte dem Ehegatten, der diese Voraussetzungen erfüllte, das Klagerecht auf Scheidung zu entziehen. Gleichzeitig sah die preußische Stellungnahme vor, wenn nur ein Ehegatte die Scheidung erreichen wolle, dies auch durch Erklärung vor dem Standesamt bewirken könnte.

b) Vorschläge von Frau Dr. Marie Munk und Dr. Margarete Berent in der Denkschrift des Bundes Deutscher Frauenvereine

Nachdem im Sommer 1922 Reichstag durch die USPD, der SPD und der DDP Anträge auf Änderung des Scheidungsrechts eingebracht worden waren, beteiligte sich auch der Bund Deutscher Frauenvereine mit seiner Denkschrift aus dem Jahre 1923[265] an der Reformdiskussion. Diese Denkschrift war im Auftrag des Bundes Deutscher Frauenvereine durch das Mitglied des Deutschen Juristinnenvereins, Frau Dr. Marie Munk, unter wesentlicher Beteiligung des weiteren Mitglieds des Deutschen Juristinnenvereins, Frau Dr. Margarete Berent, Berlin, zustandegekommen.[266] Mit der Erarbeitung von entsprechenden Vorschlägen war Frau Dr. Marie Munk bereits im Jahre 1920 von der Vorsitzenden des Bundes Deutscher Frauenvereine beauftragt worden.[267]

aa) Stellung der Frau im Ehescheidungsrecht

Frau Dr. Marie Munk kritisiert zunächst die Bestimmung des § 1568 BGB, indem sie konstatiert, dass in dem Falle, in dem keinen der Ehegatten die Schuld trifft, die Ehe nicht geschieden werden kann; oder, wenn die Zerrüttung in einer krankhaften Anlage (Trunksucht, Hysterie etc.) begründet ist, die Ehe dennoch bestehen bleibt. Insbesondere kritisiert sie das in der Bestimmung zum Ausdruck kommende Ermessen des Gerichts, was zwangsläufig dazu führe, dass die Ehepartner vor einem unbeteiligten Dritten intimste Dinge ausbreiten müssten. Zusätzlich habe der Richter gem. § 620 ZPO die Möglichkeit den Prozess um zwei Jahre auszusetzen, wenn eine Versöhnung nicht auszuschließen sei. Die Ehe bliebe zudem bestehen, wenn die engen Voraussetzungen des § 1567 BGB (böswilliges Verlassen) nicht gegeben sind und der betroffene

---

[264] Schubert, Werner, ebd., S. 84
[265] Munk, Marie, Vorschläge zur Umgestaltung des Rechts der Ehescheidung und der elterlichen Gewalt nebst Gesetzentwurf in Denkschrift des Bundes Deutscher Frauenvereine, Berlin, 1923
[266] Munk, Marie, s. Fußnote 266, Vorwort, S. III
[267] Landesarchiv Berlin, B Rep. 235-01 Bund Deutscher Frauenvereine (BDF) MF.-Nr. 2150; Munk, Marie, s. Fußnote 266, Vorwort, S. III;

Ehegatte eine Scheidungsklage nicht anstrengt.[268] „Ist es nicht vielmehr in solchen Fällen ein Gebot der Sittlichkeit, auch denjenigen, der selbst die Ehe gebrochen oder sich sonstiger Ehverfehlungen schuldig gemacht hat, das Recht zu geben, die nur noch scheinbar bestehende Ehe, die jeden inneren Gehalt verloren hat, zu lösen und eine neue Ehe zu schließen, durch die er der Frau und den Kindern aus der bisherigen außerehelichen Verbindung eine Stellung einräumt, die sie rechtlich sichert ?"[269] Sie stellt ihre Änderungsvorschläge zudem auf die Basis einer Betrachtung der Wirklichkeit, indem sie darauf hinweist, dass Ehegatten, die infolge des strengen Eherechts ihre Ehe nicht zu lösen vermögen „Gründe vortäuschen", um so ein Scheidungsurteil zu erreichen.[270] Sie favorisiert deshalb für die Ehescheidung absolute und relative Gründe. Absolute Gründe liegen nach ihrer Auffassung in der Beibehaltung des bisherigen Wortlauts der §§ 1565 bis 1567 (Ehebruch, Lebensnachstellung und Böswilliges Verlassen) wegen derer der betroffene Ehegatte binnen 6 Monaten nach Kenntnis der Gründe auf Scheidung klagen kann.[271] Dieses Recht soll, wie im noch bestehenden Recht, durch Verzeihung erlöschen (§ 1570).[272] Relative Gründe sieht sie in der Ehezerrüttung.[273] Nach ihren Änderungsvorstellungen soll der neue § 1568 abweichend vom Schuldprinzip „eine so tiefe Zerrüttung des ehelichen Verhältnisses [..] dass eine dem Wesen der Ehe entsprechende Wiederherstellung der ehelichen Gemeinschaft nicht zu erwarten ist"[274] voraussetzen. Die der nach bestehender Rechtslage entsprechenden Scheidungsgründe des § 1568 fügt sie als zweiten Satz dieser Vorschrift an.[275] Die strengen Anforderungen des § 1569 (Scheidung wegen Geisteskrankheit eines Ehegatten) sollen durch eine Krankheitsdauer von 3 Jahren und einer gesundheitlichen Prognose für die folgenden 3 Jahre abgelöst werden.[276] Neben den absoluten, relativen Ehescheidungsgründen und der Geisteskrankheit sieht sie die gegenseitige Einwilligung und unüberwindliche Abneigung als vollwertig hierneben bestehende Scheidungsgründe an. Der neu einzufügende § 1569 a ÄV soll den einseitigen Antrag eines Ehepartners oder den gemeinsamen Antrag der Ehepartner zur Auflösung der Ehe bei unüberwindlicher Abneigung nach Bestand der Ehe von 5 Jahren und zweijährigem Getrenntleben (räumliches Getrenntleben) sowie 2 erfolglo-

---

[268] Munk, Marie, s. Fußnote 266, S. 9, 10
[269] Munk, Marie, s. Fußnote 266, S. 10
[270] Munk, Marie, s. Fußnote 266, S. 11
[271] Munk, Marie, s. Fußnote 266, S. 59, 60 bis 62
[272] Munk, Marie, s. Fußnote 266, S. 62
[273] Munk, Marie, s. Fußnote 266, S. 60
[274] Munk, Marie, s. Fußnote 266, S. 60
[275] Munk, Marie, s. Fußnote 266, S. 60
[276] Munk, Marie, s. Fußnote 266, S. 61

ser Sühnetermine vorsehen. Frau Dr. Munk hebt hervor, dass nicht die Vereinbarung, sondern die Zerrüttung der eigentliche Scheidungsgrund des § 1569 a ÄV ist, jedoch nach der Charakteristik der neuen Bestimmung eine Beweiserhebung über die Zerrüttung nicht, aber sofern das nach den Umständen des Falles gerechtfertigt erscheint, die Möglichkeit eines Schuldspruchs auf Antrag des Beklagten möglich sein soll (§ 1574S. 4 ÄV). Eine Scheidung im Falle des § 1569 a soll jedoch erst möglich sein, wenn sich die Ehepartner bindend über den Verbleib und den Unterhalt der Kinder sowie Haushaltsgegenstände geeinigt haben. Ein Schuldspruch kann nur in den in §§ 1565 bis 1567 ÄV und damit absoluten Ehescheidungsgründen, sowie gem. § 1568 Satz 2 ÄV bei schwerwiegenden Ehepflichtsverletzungen, ehrlosem oder unsittlichem Verhalten auf Antrag des betroffenen Ehegatten erfolgen.[277]

Das Gericht soll die Geschiedenen für den Fall, dass keiner von beiden die Schuld trägt, zur gegenseitigen Unterhaltspflicht verpflichten. Dennoch soll den Ehegatten die Möglichkeit eröffnet werden ihre Vermögensverhältnisse vertraglich für den Fall der Scheidung einvernehmlich zu regeln (§ 1579 b ÄV).[278]

bb) Stellung der Frau im Unterhaltsrecht nach der Scheidung

Hinsichtlich der Unterhaltspflicht belässt Frau Dr. Munk es bei der bisherigen Rechtslage, möchte jedoch im Fall des Scheidungsgrundes der Abneigung die Unterhaltspflicht in § 1579 beider Ehegatten dergestalt geregelt wissen, soweit der nicht für schuldig erklärte Ehegatte außerstande ist, sich selbst zu unterhalten.[279] Im Fall der Scheidung wegen gegenseitiger Einwilligung ist eine Unterhaltsgewährung nach der Billigkeit der Vermögensverhältnisse ausgeschlossen (§ 1579 a ÄV).[280] Erfolgte auf Antrag des Beklagten in den Fällen der gegenseitigen Abneigung ein Schuldspruch, so konnte die zukünftige Führung des Familiennamens durch die Frau vom Mann untersagt werden.[281]

cc) Verfahrensrechtliche Vorschläge zum Ehescheidungsprozeß

Ihre Vorschläge waren ebenso mit verfahrensrechtlichen Änderungen zum Ehescheidungsprozeß verbunden[282], auf die jedoch wegen der Themenbegrenzung hier nicht näher eingegangen werden kann. Ihre verfahrensrechtlichen Vorschläge stellte Frau

---

[277] Munk, Marie, s. Fußnote 266, S. 11, 12, 14 bis 16, 18 bis 20, 60, 61, 63
[278] Munk, Marie, s. Fußnote 266, S. 12, 23, 25, 65, 66
[279] Munk, Marie, s. Fußnote 266, S. 65
[280] Munk, Marie, s. Fußnote 266, S. 65
[281] Munk, Marie, s. Fußnote 266, S. 64
[282] Munk, Marie, s. Fußnote 266, S. 30, 31, 54 bis 56, 68 bis 75

Dr. Marie Munk unter dem Titel „Die Reformbedürftigkeit des Ehescheidungsprozesses" in der Deutschen Juristen-zeitung, 31. Jahrgang, 1926, Heft 23, auf den Seiten 1682 bis 1686 noch einmal einer breiteren Fachöffentlichkeit vor.

dd) Weitere Publikationen

In der Zeitschrift Die Frau macht Frau Dr. Marie Munk unter dem Titel „Zur Umgestaltung des Rechts der Ehescheidung und der elterlichen Gewalt" im März 1924, Heft 6,S. 163 bis 166 auf die Denkschrift des Bundes Deutscher Frauenvereine und die darin enthaltenen wichtigsten Forderungen aufmerksam.

c) Weitere legislative Entwicklung bis zur Auflösung des Reichstages am 20. Mai 1928

Ausschußberatungen im Reichstag fanden in den Jahren 1927 und 1928 statt. Zu Beginn des Jahres 1928 legte Frau Dr. Marie Munk ihre Vorstellungen zur materiellen Rechtslage noch einmal mit dem Titel „Frauenwünsche zur Ehescheidungsreform", in der Deutschen Richterzeitung, 1928, in Heft 1 auf den Seiten 15 bis 18, insbesondere auf der Seite 15, dar. Wegen Auflösung und Neuwahl des Reichstages am 20.05.1928 wurde folgender Beschluss der Ausschußberatungen nicht zum Gegenstand der Beratungen[283]: Die Scheidungsklage sollte möglich sein, wenn „aus einem anderen Grunde eine so tiefe Zerrüttung des ehelichen Verhältnisses eingetreten ist, dass eine dem Wesen der Ehe entsprechende Fortsetzung der Lebensgemeinschaft nicht mehr erwartet werden kann, und wenn infolge der Zerrüttung die Lebensgemeinschaft der Ehegatten seit mindestens einem Jahre vor Erhebung der Klage nicht mehr besteht."[284] Das Recht auf Scheidung sollte nur ausgeschlossen sein, wenn der klagende Ehegatte selbst einen Grund gesetzt hat oder vorwiegend durch sein schuldhaftes Verhalten herbeigeführt worden ist. Die Scheidung sollte erst ausgesprochen werden, wenn eine Einigung über die gegenseitigen Unterhaltspflichten oder in Ermangelung dessen, durch Urteil ersetzt worden ist. Eine Scheidung gem. § 1569 sollte nicht an der Zeitdauer der Erkrankung, sondern an der Unzumutbarkeit der Fortsetzung der Ehe für den anderen, gesunden Teil, anknüpfen.[285]

---

[283] Schubert, Werner, ebd., S. 82 bis 88
[284] Schubert, Werner, ebd., Quellen zur Reform des Ehescheidungsrechts, II. Das Ehescheidungsrecht im Reichstag (III.Wahlperiode 1924/28), 5. Ergebnis der Ausschußberatungen (Drucksache Nr. 4106 des Reichstags, III. Wahlperiode 1924/28), S. 577 bis 578, S. 578
[285] Schubert, Werner, ebd.

d) Stellungnahmen von Frau Dr. Emmy Rebstein-Metzger

Die von Frau Dr. Fanny[286] Rebstein-Metzger in der Zeitschrift Die Frau, 35. Jahrgang, Heft 12, September 1928, auf den Seiten 723 bis 727 erschienene Veröffentlichung mit dem Titel „Ehewirklichkeit und Eherecht" hebt den sozialen Wandel des ehelichen Lebens der Weimarer Republik hervor und veranschaulicht so die Problematik einer Wechselwirkung zwischen Rechtsreform und sozialer Wirklichkeit in prägnanter Weise. Frau Dr. Emmy Rebstein-Metzger stellt fest, dass es immer häufiger zu einem kinderlosen mit der Erwerbstätigkeit der Frau verbundenen Getrenntleben der Ehepaare komme. Dies sei kein Zeichen von Auflösung der ehelichen Gemeinschaft, sondern eine neue Lebensform, „Kameradschaftsehe oder Jugendehe"[287], genannt. Diesen Schilderungen stellt sie die in Literatur und Rechtsprechung vorherrschenden Grundgedanken über die Bestimmungen der §§ 1534 und 1568 BGB gegenüber, so wie sie sich aus der christlichen Weltanschauung jener Zeit ergeben und letztendlich auch Eingang in die Motive zum BGB von 1896 Eingang gefunden haben. Sie wirft hierbei die Frage auf, ob der Mann bei aushäusiger Erwerbstätigkeit der Frau im Interesse der Sicherung des Lebensstandards berechtigt ist, die Herstellung der häuslichen Gemeinschaft zu verlangen. Oder ob die berufsbedingte einvernehmliche Vereinbarung beider Partner über ein Getrenntleben und/oder Kinderlosigkeit nichtig ist. Ob die Kinderlosigkeit der Ehe den Mann zur Scheidungsklage berechtigte, weil ihm in der Rechtsordnung jederzeit das Recht eingeräumt ist, diesen Zustand als dem Wesen der Ehe fremd zu beenden.[288] Sie arbeitet in ihren Schilderungen dezidiert heraus „wie leicht die latenten Gleichgewichtsstörungen zwischen Norm und Wirklichkeit zum offenen Konflikt des Lebens mit dem Gesetz führen können"[289] gibt damit keine juristische Antwort, sondern beteiligt sich im Rahmen der stattfindenden Reformdiskussion an wichtigen Punkten, wegen derer die Reform erst in Gang gekommen ist. Sie sieht die Aufgabe des Rechts „um der Sicherung bestehender Lebenswirklichkeit"[290] willen in einem soziologischen und damit in einem Zusammenhang, der von gesellschaftlicher Akzeptanz getragen sein muss, um gleichsam dem Recht zum Recht zu verhelfen.

---

[286] Hier liegt offensichtlich ein Druckfehler aus jener Zeit vor. Gemeint ist Emmy und nicht Fanny Rebstein-Metzger.
[287] Rebstein-Metzger, Fanny, Ehewirklichkeit und Eherecht in „Die Frau", Heft 12, September 1928, S. 723 bis 727, S. 724
[288] Rebstein-Metzger, Fanny, s. Fußnote 288, S. 725, 726
[289] Rebstein-Metzger, Fanny, s. Fußnote 288, S. 727
[290] Rebstein-Metzger, Fanny, s. Fußnote 288, S. 727

e) Weitere legislative Entwicklung bis zum am 14. September 1930 gewählten Reichstag

Der wegen Auflösung und Neuwahl des Reichstages am 10.5.1928 nicht zum Gegenstand der Beratungen gemachte og. Beschluss wurde in der Folgezeit neu aufgegriffen und im November/Dezember 1928 an den Rechtspflegeausschuss überwiesen. Der damit diesem Ausschuss vorliegende Gesetzentwurf fußte im wesentlichen auf dem Zerrüttungsgedanken, sah jedoch in § 1568 ÄE ein Klagerecht auf Scheidung vor, wenn „ihm (dem klagenden Ehegatten) die Fortsetzung der Ehe nicht zugemutet werden"[291] kann, vor. Diese Neuregelung wurde mit der Einschränkung von Individualrechten bei Beibehaltung der alten Rechtslage begründet. Gleichzeitig erkannte der ÄE jedoch, dass „weite Volkskreise, wesentlich unter religiösen Gesichtspunkten, nach wie vor grundsätzlich an dem Gedanken der Unlösbarkeit der Ehe festhalten"[292], so dass der ÄE „unter möglichster Ausschaltung alles grundsätzlich Trennenden eine für alle Teile der Bevölkerung erträgliche Mittellinie"[293] anstrebte. Trachtete jedoch danach „nicht wiederum auf das Gebiet weltanschaulicher Betrachtungen hinüber(zu)gleiten" Und machte „die Entscheidung in erster Linie davon abhängig [..] inwieweit das geltende Recht nach den vorliegenden Erfahrungen zu praktischen Unzuträglichkeiten geführt hat."[294], weil an der „in Artikel 119 der Reichsverfassung zum Ausdruck gebrachten Auffassung festzuhalten" sei „dass die Ehe als die Grundlage von Staat und Gesellschaft ihrem Wesen nach eine überwiegende soziale und insoweit dem Individualwillen der Ehegatten entrückte Einrichtung ist."[295] Konsequent entspräche „Die Beseitigung dieser (praktischen) Unzulänglichkeiten" dem „anzuerkennenden Interesse der Beteiligten" und erschien „gerade auch vom Standpunkt einer hohen sittlichen Auffassung von der Ehe im Allgemeininteresse dringend erwünscht."[296] Es war daher konsequent, dass die „objektive Zerrüttung"[297] nicht in den § 1568 integriert, sondern als § 1568 a angefügt wurde [298] und in der Rechtspraxis nur dann zum Tragen kommen sollte, wenn „er äußerlich feststellbar" war.[299] Ebenso

---

[291] Schubert, Werner, ebd., Quellen zur Reform des Ehescheidungsrechts, III. Verhandlungen des 13. Ausschusses (Rechtspflege des Reichstags, V. Wahlperiode 1928/30), 1. 17. Sitzung. Verhandelt Berlin, den 8. April 1929, Anlage: Entwurf eines Gesetzes zur Änderung der Vorschriften über die Ehescheidung, S. 597 bis 600, S. 598
[292] Schubert, Werner, ebd., Begründung, S. 600 bis 613, S. 600
[293] Schubert, Werner, ebd., S. 601
[294] Schubert, Werner, ebd., S. 601
[295] Schubert, Werner, ebd., S. 601
[296] Schubert, Werner, ebd., S. 601
[297] Schubert, Werner, ebd., S. 602
[298] Schubert, Werner, ebd., S. 603
[299] Schubert, Werner, ebd., S. 604

sollte in den Fällen des Scheidungsgrundes Geisteskrankheit (§ 1569 ÄE) „der Krankheitszustand einen solchen Grad erreicht (haben), dass die geistige Gemeinschaft zwischen den Ehegatten aufgehoben ist und kein Anhalt dafür besteht, dass sie wiederhergestellt werden wird."[300] Parallel zu diesem ÄE jedoch, war am 26.11.1928 ein vom Reichsjustizministerium neu erarbeiteter Entwurf dem Kabinett übersandt worden. Dies führte im März 1929 zu Kontroversen im Rechtspflegeausschuss, so dass die Beratungen über den Entwurf des Reichsjustizministeriums erst im April 1929 beginnen konnten. Diese Beratungen waren von einer Erörterung beim Reichskanzler über die Frage eines einheitlichen Vorgehens in Angelegenheiten von grundlegender Bedeutung überschattet. Die Beratungen im Rechtspflegeausschuss wurden deshalb zunächst im Mai 1929 abgesetzt, dann im Oktober 1929 neu auf die Tagesordnung gesetzt. Nach etlichem Hin und Her zwischen Absetzen und Terminverschieben wurde die Frage des Ehescheidungsrechts im November 1929 zur Klärung von Detailfragen an einen Unterausschuss überwiesen. Die Beratungen im Unterausschuss hatten zum Ergebnis, dass die Vorlage des Reichsjustizministeriums, jedoch nicht der Vorschlag der SPD, eine Mehrheit finden könnte. In einer Besprechung zwischen dem Reichskanzler und den Führern der Koalitionsparteien einigte man sich dann auf die Nichtbehandlung des Ehescheidungsrechts im Reichstag.[301]

f) Verhandlungen des 36. Deutschen Juristentages

Der 36. Deutsche Juristentag konzentrierte sich auf die Unterhaltsfrage nach einer Scheidung. Frau Dr. Rebstein-Metzger möchte dem für schuldig erklärten Geschiedenen den Unterhaltsanspruch versagen.[302] Bei Getrenntleben der Ehegatten will sie dem Ausscheidenden einen Anspruch auf Herausgabe von Haushaltsgegenständen einräumen.[303] Die Entschließung des 36. Deutschen Juristentages entspricht auch für den Bereich der Rechtsprobleme des Scheidungsrechts dem in Abschnitt D., Ziffer II., Nr. 1, Buchstabe ee) dieser Arbeit dargestellten Wortlaut.

---

[300] Schubert, Werner, ebd., Anlage: Entwurf eines Gesetzes zur Änderung der Vorschriften über die Ehescheidung, S. 597 bis 600, S. 598
[301] Schubert, Werner, ebd., S. 89 bis 92
[302] Gutachten Frau Dr. Rebstein-Metzger in Verhandlungen des 36. Deutschen Juristentages, Schriftführer-Amt der ständigen Deputation (Hrsg.), Berlin/Leipzig 1930, S. 540 bis 591, S. 559
[303] Gutachten von Frau Dr. Rebstein-Metzger, ebd., S. 558

g) Stellungnahme von Frau Dr. Marie Munk zu den Vorschlägen von Frau Dr. Emmy Rebstein-Metzger auf dem 36. Deutschen Juristentag

Den Vorschlag bezüglich der Unterhaltsversagung bei Schuldspruch lehnt sie mit dem Hinweis auf mangelnde Praxisrelevanz ab. Der Anspruch auf Herausgabe von Haushaltsgegenständen wird begrüßt.[304]

h) Legislative Entwicklung ab dem 14. September 1930

Mit dem am 14.09.1930 neu gewählten Reichstag lagen von der SPD und KPD gestellte Anträge zur Ehescheidungsreform vor.[305] Auf Einzelheiten dieser Anträge kann hier im Zusammenhang mit den Reformen auch nicht nur kurz eingegangen werden, weil die Fachbereichsbibliothek und die Landesbibliothek nicht über den Band 449 der Verhandlungen des Reichstages verfügt. Aus einer sozialdemokratischen Publikation aus dem Jahre 1928 kann geschlossen werden, dass der sozialdemokratische Entwurf die Beweisführung der Zerrüttung der Ehe nach 3-jährigem Getrenntleben als geführt betrachtet wissen wollte oder in den Fällen die Beweislast erst gar nicht entstehen lassen wollte, wenn beide Ehegatten zur Scheidung bereit sind. Die Unterhaltspflichten der Ehegatten und Kinder sollte durch einen vor dem Vormundschaftsgericht geschlossenen Vertrag geregelt werden.[306] Zu einer Behandlung der damit mehrfach vorliegenden Reformentwürfe im Rechtsausschuss des Reichstages ist es offensichtlich bis zum Beginn des 3. Reiches nicht mehr gekommen.[307]

III. Die Rechtslage im Familienrecht nach den Bestimmungen des BGB vom 18. August von 1896

Die Rechtslage im Nichtehelichenrecht und im Recht der elterlichen Gewalt über eheliche Kinder war stark von den bereits in Abschnitt A. Ziffer IV, Nr. 1.1 dargelegten Prämissen der Familienpolitik geprägt.

1. Rechtliche Begründung der Vaterschaft

Als Vater galt bei nichtehelichen Kindern gem. § 1717 BGB, wer der Mutter innerhalb der Empfängniszeit beigewohnt hatte. Bei ehelichen Kindern war Vater der Ehemann.

---

[304] Munk, Marie, Inwiefern bedürfen die familienrechtlichen Vorschriften des BGB. mit Rücksicht auf den die Gleichberechtigung der Geschlechter aussprechenden Art. 119 Abs. 1 Satz 2 RV einer Änderung ? in DRiZ 1931, S. 300 bis 303, S. 302

[305] Schubert, Werner, ebd., Die Entwicklung des Familienrechts in der Weimarer Republik, IV. Zur Reform des Ehescheidungsrechts, S. 82 bis 92, S. 89 bis 92

[306] Gegen die „Zwangsehe" - Sozialdemokratische Vorstellungen zu einer Reform des Ehescheidungsrechts in: Fleming, Jens u.a., Familienleben im Schatten der Krise, Dokumente und Analysen zur Sozialgeschichte der Weimarer Republik, Düsseldorf, 1988, S. 23 bis 26

[307] Schubert, Werner, ebd., S. 89 bis 92

Als Vater des nichtehelichen Kindes galt nicht, wer gem. § 1717 Satz 1 BGB die exceptio-plurium-Einrede erhoben hatte („dass auch ein anderer ihr innerhalb dieser Zeit beigewohnt hat."), es sei denn, er hatte gem. § 1718 die Vaterschaft für das nichteheliche Kind in einer öffentlichen Urkunde bereits anerkannt. Die Empfängniszeit war gem. § 1717 Satz 3 strikt festgelegt.

2. Namensgebung

Das eheliche Kind erhielt gem. § 1616 den Namen des Vaters. Das nichteheliche Kind erhielt gem. § 1706 BGB den Familiennamen der Mutter.

3. Das Verwandtschaftsverhältnis des ehelichen und des nichtehelichen Kindes zu seiner Mutter und zu seinem Vater

Das eheliche Kind stand gem. § 1589 BGB zu seinen Eltern in einem Verwandtschaftsverhältnis. Gem. § 1705 BGB hatte das uneheliche Kind jedoch nur zu der Mutter und zu den Verwandten mütterlicherseits die Rechtsstellung eines ehelichen Kindes. Der leibliche Vater war gem. § 1589 letzter Satz BGB nicht mit dem nichtehelichen Kind verwandt. Die Folge war ein Ausbleiben von Erb- und Pflichtteilsansprüchen des unehelichen Kindes gegen den leiblichen Vater und dessen Verwandtschaft.

4. Das Rechtsverhältnis zwischen Eltern und Kindern

Dem Vater des ehelichen Kindes stand gem. § 1627 BGB die elterliche Gewalt über das Kind, sowie die Personen- und Vermögenssorge des Kindes zu. Letzteres kam in der gesetzlichen Vertretung des Kindes zum Ausdruck (§ 1630 BGB). Die Mutter hat lediglich nur neben dem Vater die Personensorge. Bei Meinungsverschiedenheiten ging die Auffassung des Mannes vor (§ 1634 BGB). Die Mutter des ehelichen Kindes konnte die elterliche Gewalt nur im Falle des Todes oder der Todeserklärung des Vaters, der Auflösung der Ehe oder bei Verwirkung des väterlichen Rechts der elterlichen Gewalt, erlangen (§ 1684). Gem. § 1707 BGB hatte die Mutter des nichtehelichen Kindes die Personensorge, jedoch nicht die elterliche Gewalt über ihr Kind. Für die gesetzliche Vertretung des unehelichen Kindes erhielt das Kind gem. § 1773 I, 1778 III BGB einen vom Vormundschaftsgericht eingesetzten Vormund. Diese Vormundschaft konnte vorrangig auf die Mutter entfallen.

5. Der Unterhaltsanspruch des ehelichen und des nichtehelichen Kindes

Für das eheliche Kind schrieb der Gesetzgeber eine zeitlich unbeschränkte Unterhaltsberechtigung bei Vorliegen der Unterhaltsbedürftigkeit entsprechend des im elterlichen Haushalt vorzufindenden Lebensstandards vor (§§ 1601 bis 1603 BGB). Für ein nichteheliches Kind war der Vater bis zur Vollendung des 16. Lebensjahres des nichtehelichen Kindes zum Unterhalt verpflichtet (§ 1708). Die Höhe des Unterhalts bemaß sich nach dem Lebensstandard der Mutter. Über die Vollendung des 16. Lebensjahres hinaus konnte der Unterhalt nur dann gezahlt werden, wenn der Unterhaltsberechtigte bei körperlichen oder geistigen Gebrechen nicht in der Lage war seinen eigenen Unterhalt zu bestreiten. Der Vater war gem. § 1709 BGB vor der Mutter und ihren Verwandten unterhaltspflichtig.

6. Der Anspruch der Mutter gegen den Erzeuger des Kindes
Gem. § 1360 Satz 1 BGB hatte der Mann seiner verheirateten Frau nach Maßgabe seiner Lebensstellung Unterhalt zu gewähren. Gem. § 1715 BGB konnte die Frau des nichtehelichen Kindes nur den Ersatz der Kosten für die Entbindung, die Kosten des Unterhalts für die ersten sechs Wochen nach der Entbindung und unter engen Voraussetzungen, den Ersatz weiterer notwendiger Aufwendungen verlangen.

7. Anfechtung der Ehelichkeit
Gem. §§ 1593, 1594 BGB konnte nur der Mann binnen Jahresfrist die Ehelichkeit anfechten.

8. Die strafrechtliche Verantwortlichkeit des Unterhaltspflichtigen
Die damalige Rechtslage sah noch zwar einen Straftatbestand der Unterhaltspflichtverletzung in § 361 Nr. 10 StGB vor, jedoch wurde hier vorwiegend auf Geldstrafe erkannt. Zudem handelte es sich bei der Bestimmung des § 361 StGB um eine Vorschrift unter die alle Bestimmungen, die nicht unter die übrigen Strafbestimmungen des StGB fallen konnten, aufgeführt waren.

9. Elterliche Gewalt bei ehelichen Kindern nach geschiedener Ehe der Eltern
Die Personensorge für das eheliche Kind wurde nur in Ermangelung eines Schuldspruchs vergeben (§ 1635 BGB). Waren beide Elternteile schuldig geschieden worden, so richtete sich die Personensorge nach dem Alter oder dem Geschlecht des Kindes (unter 6 Jahre = Mutter; Tochter = Mutter; über 6 Jahre = Vater). Lagen besondere Gründe im Interesse des Kindes vor, konnte das Vormundschaftsgericht eine abweichende Regelung treffen. Jedoch blieb das Recht des Vaters zur Vertretung des Kindes unberührt.

10. Elterliche Gewalt bei Tod eines Ehegatten

Bei Tod des Ehegatten erhielt die Mutter die elterliche Gewalt über die ehelichen Kinder nur bis zum Zeitpunkt der Wiederverheiratung (§ 1684).

Das Vormundschaftsgericht ordnete einen Beistand, ggf. mit breitem Wirkungskreis an, sowie die Mutter die Bestellung der elterlichen Gewalt beantragte (§§ 1686, 1687 Nr. 2, 1688 bis 1693).

IV. Reformprojekte des Familienrechts in der Weimarer Republik

Die Rechtsstellung des nichtehelichen Kindes stand in der Zeit von 1914 bis 1933 unter dem Verfassungsauftrag des Art. 121 der WRV vom 11. August 1919. Die Bestimmung des Art. 121 lautete: „ Den unehelichen Kindern sind durch die Gesetzgebung die gleichen Bedingungen für ihre leibliche, seelische und gesellschaftliche Entwicklung zu schaffen wie den ehelichen Kindern." Die Zielstellung dieses Verfassungsauftrages erfordert im Kontext auch den Einbezug der Rechtsstellung des ehelichen Kindes in der Weimarer Zeit. Also konzentrierten sich die Reformbestrebungen auch auf diesen Rechtsbereich. Erziehungsrecht und -pflicht der Eltern waren in Art. 120 WRV folgendermaßen gefasst: Die Erziehung des Nachwuchses zur leiblichen, seelischen und gesellschaftlichen Tüchtigkeit ist oberste Pflicht und natürliches Recht der Eltern, über deren Betätigung die staatliche Gemeinschaft wacht.

1. Erste Initiativen bis zum Reichstagsentwurf des Jahres 1925

Art. 121 WRV hatte eine Fülle von exekutiver und legislativer Aktivität zur Folge, deren Gesetzesentwürfe jedoch allesamt unerledigt blieben. Dem Entwurf eines Gesetzes über die unehelichen Kinder und die Annahme an Kindes statt ging ein seit bereits 1920 andauernder exekutiver Entwicklungsprozess voraus, der ausgehend von einem zunächst vom Reichsjustizministerium gefertigten unverbindlichen Vorentwurf unter Einbeziehung von Länderstellungnahmen sich auf Vorschlag einer Sachverständigenkommission am norwegischen Recht orientieren sollte.[308]

a) Der ministerielle Vorentwurf des Jahres 1920

Dieser Vorentwurf sah ausschließlich die Abschaffung der exceptio-plurium-Einrede vor.[309]

---

[308] Schubert, Werner, ebd., Die Entwicklung des Familienrechts in der Weimarer Republik, II. Die Reformbestrebungen zur Neugestaltung des Nichtehelichen- und Adoptionsrechts im Ersten Weltkrieg und in der Weimarer Republik, 5. Die Reformdiskussion in der Weimarer Nationalversammlung und der Nichtehelichenrechtsentwurf von 1920, S. 47 bis 54, S. 48 bis 52

[309] Schubert, Werner, ebd., S. 48

b) Die Verhandlungen des 32. Deutschen Juristentages

Auch der 32. Deutsche Juristentag vom 21.09.1921[310] hatte sich insbesondere den Fragen der Begründung der Vaterschaft und der Übertragung der elterlichen Gewalt auf die Mutter angenommen.[311] Die Entschließung unterschied zwischen einer Zahlvaterschaft (bei Zweifeln, gesamtschuldnerisch), einer Anerkenntnisvaterschaft (durch Anerkenntnis des Vaters) und einer Feststellungsvaterschaft (durch Urteil)[312].

„Die Feststellung durch gerichtliches Urteil erfolgt auf Grund freier Beweiswürdigung, die ebenso hinsichtlich der Empfängniszeit, wie hinsichtlich des Gegenbeweises gegen die beizubehaltende gesetzliche Vermutung des § 1717 BGB Platz greift."[313] Also damit eine Abschaffung der Exceptio-Plurium-Einrede nicht gewollt war. Bestanden Zweifel, sah er eine gesamtschuldnerische Haftung der in Frage kommenden Väter vor[314]. Unter Auferlegung einer Bewährungszeit sah er die Übertragung der elterlichen Gewalt des nichtehelichen Kindes auf die Mutter vor[315]; eine Übertragung auf den Vater nur, wenn sie der Mutter nicht zustand. Neben einer Erweiterung des Unterhalts-anspruch[316] sollte gesetzlich verankert werden, dass fortan auch die Mutter zum Unterhalt beitragen sollte[317]. Ein der Lebensstellung des Vaters entsprechender Unterhalt sollte nur gewährt werden, wenn das Kind beim Vater untergebracht war.[318]

c) Der Referentenentwurf des Jahres 1922

Dieser Entwurf sah grundsätzlich die Anerkennungsvaterschaft vor, aber nur dann eine Feststellungsvaterschaft, wenn keine „erheblichen Zweifel"[319] an der Vaterschaft bestanden. Konnte eine Feststellung über die Vaterschaft nicht getroffen werden, so orientierte sich der Unterhalt an den Lebensverhältnissen des Vaters.[320] Jedoch war die

---

[310] Schriftführeramt der Ständigen Deputation (Hrsg.), Verhandlungen des 32. Deutschen Juristentages (Bamberg), Berlin/Leipzig, 1922, Band 2, S. 150 bis 229
[311] Schubert, Werner, ebd., S. 53, 54
[312] Verhandlungen des 32. Deutschen Juristentages, Band 2, Berlin/Leipzig, 1922, Band 2, S. 227 Ziffer I. Nr. 1.
[313] Ebd.
[314] Ebd., S. 227, Ziffer I., Nr. 2.
[315] Ebd., S. 227, Ziffer III., Nr. 2.
[316] Ebd., S. 227, Ziffer II., Nr. 3.
[317] Ebd., S. 228, Ziffer III., Nr. 5.
[318] Ebd., S. 228, Ziffer II., Nr. 4.
[319] Schubert, Werner, ebd., 6. Der Nichtehelichenrechtsentwurf von 1922, S. 54 bis 56, S. 54 sowie Quellen zur Reform des Nichtehelichenrechts, IV. Der Nichtehelichenrechtsentwurf von 1922, 2. Entwurf eines Gesetzes über die unehelichen Kinder und die Annahme an Kindes Statt, S. 122 bis 137, S. 129
[320] Schubert, Werner, ebd., Quellen zur Reform des Nichtehelichenrechts, IV. Der Nichtehelichen-rechtsentwurf von 1922, 2. Entwurf eines Gesetzes über die unehelichen Kinder und die Annahme an Kindes Statt, S. 122 bis 137, S. 126

Unterhaltspflicht gesetzlich ausgeschlossen, wenn die Frau einen dirnenhaften Lebenswandel führte.[321]

d) Vorschläge von Frau Dr. Marie Munk und Frau Dr. Margarete Berent in der Denkschrift des Bundes Deutscher Frauenvereine

In ihren Vorschlägen zur Umgestaltung des Rechts der Ehescheidung und der elterlichen Gewalt aus dem Jahre 1923 hatte Frau Dr. Marie Munk bereits zur Ausübung der elterlichen Gewalt bei ehelichen Kindern Vorschläge unterbreitet. Frau Dr. Marie Munk wertete es als Widerspruch zu Art. 119 WRV, dass der Mutter nur die Personensorge zustehen sollte; letztendlich nur ein Eingreifen bei Missbrauch des Rechts durch den Vater über das Vormundschaftsgericht möglich war (§§ 1632, 1666). Sie konstatierte eine Negativwirkung auf den Erziehungsprozeß bei Vorrang des Vaters im Fall von Meinungsverschiedenheiten über die elterliche Gewalt.[322] Bei ehelichen Kindern sollte deshalb die elterliche Gewalt von beiden Eltern gemeinsam ausgeübt werden. Gleichzeitig sollte die Möglichkeit des Abschlusses von Vereinbarungen zwischen den Eltern eröffnet werden, die auch eine Bevollmächtigung nur eines Ehegatten ermöglichten. Bei Streitigkeiten auf Antrag, nach einer Ehescheidung und bei Getrenntleben von Amts wegen, sollte das Vormundschaftsgericht entscheiden.[323]

Mit der Veröffentlichung unter dem Titel „Zur Umgestaltung des Rechts der Ehescheidung und der elterlichen Gewalt" macht Frau Dr. Marie Munk in der Zeitschrift Die Frau im März 1924, Heft 6, auf den Seiten 163 bis 166 noch einmal auf die wichtigsten Forderungen zur elterlichen Gewalt in den im Jahre 1923 vom Bund Deutscher Frauenvereine herausgegebenen Vorschläge aufmerksam.

2. Der Reichsratsentwurf des Jahres 1925

Der Referentenentwurf des Jahres 1922 wurde durch Länderstellungnahmen ergänzt, vom Reichskabinett am 28.12.1924 verabschiedet und ist dann am 22.05.1925 in den Reichsrat eingebracht worden.[324]

---

[321] Schubert, Werner, ebd., S. 130
[322] Munk Marie, Vorschläge zur Umgestaltung des Rechts der Ehescheidung und der elterlichen Gewalt in Denkschrift des Bundes Deutscher Frauenvereine, Berlin, 1923, S. 39, 40
[323] Munk, Marie, s. Fußnote 323, S. 37
[324] Schubert, Werner, ebd., Quellen zur Reform des Nichtehelichenrechts, V. 1. Entwurf eines Gesetzes über die unehelichen Kinder und die Annahme an Kindes Statt vom 22.5.1925 (Reichsratsvorlage), 2. Begründung zum Gesetzentwurf vom 22.5.1925, S. 153 bis 188

a) Rechtliche Begründung der Vaterschaft

In der Begründung zu dem Änderungsentwurf[325] wurde insbesondere hervorgehoben, dass „durch den Entwurf Beziehungen familienrechtlicher Art nicht hergestellt"[326], sondern „lediglich Raum für eine wirtschaftliche Besserstellung des Kindes, insbesondere durch Beseitigung der sogenannten Einrede des Mehrverkehrs."[327] unter Bezugnahme auf die norwegische Rechtslage angestrebt werden sollte. In einem neu einzuführenden § 1705a sollte die Vaterschaft durch Anerkennung und Feststellung durch eine Behörde, d.h. des Vormundschaftsgerichts[328], auch noch nach dem Tod des Vaters oder durch Erklärung des Vaters mit Einwilligung des Kindes juristisch begründbar sein. War der Mehrverkehr der Mutter „in hohem Grade wahrscheinlich oder [..] die Empfängnis aus der fraglichen Beiwohnung aus sonstigen Gründen unwahrscheinlich,"[329] sollte eine Ungewissheit über die Vaterschaft greifen und damit keine familienrechtliche Wirkung entfalten[330], aber „jeden Unterhaltsanspruch des Kindes ausschließende Wirkung"[331] abgeschafft werden sollte. Gleichzeitig wurde der Empfängniszeitraum zugunsten des Kindes über den 302ten Tag flexibilisiert, für den Fall, dass erhebliche Zweifel an der Beiwohnung des betreffenden Mannes nicht vorlagen.[332]

b) Namensgebung

Neben der Beibehaltung der bestehenden Rechtslage sollte der Vater zukünftig durch Erklärung gegenüber dem Vormundschaftsgericht mit Einwilligung der Mutter seinen Namen dem Kind erteilen dürfen. Gleiches war auch noch nach dem Tod des leiblichen Vaters mit Einwilligung der Ehefrau vorgesehen (§ 1706a ÄE).[333]

c) Das Verwandtschaftsverhältnis des ehelichen und des nichtehelichen Kindes zu seiner Mutter und zu seinem Vater

Mit der Ergänzung des § 1705 durch die Worte „Seine Stellung zu dem Vater und zu den Eltern des Vaters bestimmt sich nach den Vorschriften dieses Titels."[334], schwächte der ÄE eine aus dem Jahre 1922 stammenden Vorlage ab, in der diese Bestimmung deutlich die Stellung des nichtehelichen Kindes als der eines ehelichen hervorgehoben

---

[325] Schubert, Werner, ebd., S. 180, 181
[326] Schubert, Werner, ebd., S. 178
[327] Schubert, Werner, ebd., S. 178
[328] Schubert, Werner, ebd., S. 179, 180
[329] Schubert, Werner, ebd., S. 181
[330] Schubert, Werner, ebd., S. 181
[331] Schubert, Werner, ebd., S. 185
[332] Schubert, Werner, ebd., S. 154, 155
[333] Schubert, Werner, ebd., S. 157
[334] Schubert, Werner, ebd., S. 153

hatte.[335] „die Abstammung eines Kindes von einem bestimmten Manne als gewiss angesehen werden kann, nur bei einem Teile dieser Kinder gegeben sind"[336] und damit gleichsam die Zielstellung des ÄE auf rein wirtschaftliche Gesichtspunkte noch einmal hervorgehoben wurde.

d) Das Rechtsverhältnis zwischen Eltern und Kindern

Der ÄE sah in § 1707 nunmehr den Einsatz eines Beistandes vor, wenn der Mutter des nichtehelichen Kindes die Übertragung der Personensorge zugestanden worden war. Gleichzeitig wurde ihr jedoch weiterhin die Vertretung des Kindes grundsätzlich versagt. Personensorge und elterliche Gewalt konnte nur bei Vorliegen besonderer Gründe sowohl dem Vater als auch der Mutter durch das Vormundschaftsgericht erteilt werden (§ 1707b ÄE), wenn eine Anhörung der Fürsorgebehörde stattgefunden hatte (§ 1707d ÄE). Der Vater konnte zum persönlichen Verkehr mit dem Kind ermächtigt sein (1707d Satz 2 ÄE). Dies sollte mit dem Zweck erfolgen, um das „Interesse (des Vaters) an dem Kinde sowie seine Zahlungswilligkeit zu steigern."[337] Bei Meinungs-verschiedenheiten zwischen dem leiblichen Vater und der Mutter in der Personensorge sollte nach Anhörung des Amtsvormunds das Vormundschaftsgericht entscheiden (1707e Satz 1 ÄE).[338] Bestand eine getrennte Wahrnehmung der Personensorge und der elterlichen Gewalt, so sollte bei Meinungsverschiedenheiten der Inhaber der elterlichen Gewalt bestimmen, wenn sich das Vormundschaftsgericht nicht die Entscheidung selbst vorbehalten hatte.[339]

e) Der Unterhaltsanspruch des nichtehelichen Kindes

Der ÄE sah bezüglich des Maßstabs über die Höhe und der Zeitdauer des Unterhalts keine Änderungen vor. Lediglich unter dem Gesichtspunkt sonstiger Verpflichtungen des Vaters und der Billigkeit konnte der väterliche Lebensstandard Berücksichtigung finden.[340] Bei Tod des leiblichen Vaters, die Verhältnisse der Erben an seine Stelle treten[341] und damit „nicht als Rechtsnachfolger des Mannes, sondern als selbständige Verpflichtete in Betracht" kommen.[342] Machte sich jedoch das Kind dem Vater gegenüber einer Verletzung schuldig, die den Vater eines ehelichen Kindes berechti-

---

[335] Schubert, Werner, ebd., S. 157
[336] Schubert, Werner, ebd., S. 177
[337] Schubert, Werner, ebd., S. 182
[338] Schubert, Werner, ebd., S. 159
[339] Schubert, Werner, ebd., S. 160
[340] Schubert, Werner, ebd., S. 160
[341] Schubert, Werner, ebd., S. 184
[342] Schubert, Werner, ebd., S. 181

gen würde, dem Kind das Pflichtteil zu entziehen, so sollte lediglich der notdürftige Unterhalt verlangt werden können (§ 1709a ÄE). Der Unterhalt sollte fortan drei Monate im Voraus durch Entrichtung einer Geldrente geleistet werden (§ 1710 Satz 1 ÄE). Würde jedoch die Geldrente zur Deckung des Unterhalts in besonderen Fällen, namentlich bei Erkrankung des Kindes nicht ausreichen, so sollte das Kind hierzu neben der Geldrente einen weiteren Betrag zur Deckung der besonderen Aufwendungen erhalten (§ 1710 Satz 2 ÄE).[343] Zusätzlich sah der ÄE vor, dass das Kind über das 16. Lebensjahr Unterhalt verlangen konnte, wenn es ohne eigenes Verschulden an dem Abschluss einer Berufsausbildung gehindert und den Unterhalt nicht selbst bestreiten konnte, sofern der Unterhaltsberechtigte der Berufswahl zugestimmt hatte oder seine Zustimmung durch das Vormundschaftsgericht ersetzt worden war (§ 1708 Satz 2 ÄE).[344] Vermochte der Vater nicht den des Lebensstandards der Mutter entsprechenden Unterhalt zu leisten, so würde er durch § 1708 b Satz 1 des ÄE verpflichtet, die ihm alle zur Verfügung stehenden Mittel zu seinem und zu dem Unterhalt des Kindes gleichmäßig zu verwenden. Waren eine Ehefrau und eheliche Abkömmlinge vorhanden, so war gem. § 1708b Satz 2 des ÄE Unterhalt nach Billigkeit unter Berücksichtigung der Vermögens- und Erwerbsverhältnisse der Beteiligten zu leisten.[345] „Die Ersetzung eines bisherigen Parteiprozesses durch ein die Feststellung der objektiven Wahrheit ermöglichendes einfaches und schleuniges Verfahren" Versetze „den Richter in den Stand [..] alle für den Unterhalt in Betracht kommenden Personen [..] zu einem und demselben Termin vorzuladen".[346] Die gesamtschuldnerische Haftung mehrerer Verpflichteter wurde mit dem Hinweis auf frühere deutsche Rechte verteidigt.[347]

f) Der Anspruch der Mutter gegen den Erzeuger

Der ÄE sah für einen weiteren Vermögensschaden, der infolge der Schwangerschaft oder Entbindung entstanden war, unter Berücksichtigung der Vermögensverhältnisse der Mutter und des Vaters, die Zahlung eines Geldbetrages vor (§ 1715 Satz 3). Im übrigen sollte die Rechtslage bestehen bleiben.[348]

---

[343] Schubert, Werner, ebd., S. 162
[344] Schubert, Werner, ebd., S. 160
[345] Schubert, Werner, ebd., S. 160, 161
[346] Schubert, Werner, ebd., S. 184
[347] Schubert, Werner, ebd., S. 187: "§ 1872 des BGB für das vormalige Königreich Sachsen vom 2. Januar 1863."
[348] Schubert, Werner, ebd., S. 165

g) Anfechtung der Ehelichkeit

Das Anfechtungsrecht sollte bis zu einem Jahr nach dem Eintritt der Volljährigkeit auch auf das Kind ausgedehnt werden.[349] Hierfür lagen die gleichen Erwägungen zugrunde, wie für die Festsetzung der Vaterschaft.[350]

h) Die strafrechtliche Verantwortlichkeit des Unterhaltspflichtigen

Der in den Reichsrat eingebrachte ÄE sah eine Änderung strafrechtlicher Bestimmungen nicht vor.

i) Elterliche Gewalt bei ehelichen Kindern nach geschiedener Ehe

Der in den Reichsrat eingebrachte ÄE sah hierzu keine Änderung vor.

j) Elterliche Gewalt bei Tod des Ehegatten

Der in den Reichsrat eingebrachte ÄE sah hierzu keine Änderung vor.

3. Kritik vom Vorsitzenden des Archivs der Berufsvormünder, Herrn Prof. Klumker, Frankfurt a.M.

In Heft 4 der JW veröffentlicht Herr Prof. Klumker auf den Seiten 310 bis 312 eine Kritik zu dem Änderungsentwurf. Besonders hervorzuheben ist die Kritik an der angestrebten Neuverteilung der elterlichen Gewalt. Prof. Klumker sah in der geplanten Neuregelung eine Gefährdung der Amtsvormundschaft.[351] Der Kritik muss vorausgeschickt werden, dass gem. § 35 des RJWG mit der Geburt eines unehelichen Kindes das Jugendamt kraft gesetzlicher Bestimmung die Vormundschaft erlangte und der Einzelvormundschaft das Bestellungsprinzip des § 40 RJWG vorgeschaltet war, auch wenn die §§ 1776 bis 1778 BGB für gewisse Personen ein Anrecht auf die Vormundschaft enthielten. Hinzu kam, dass § 40 RJWG erst später und aus rein fiskalischen Erwägungen, nämlich zur finanziellen Entlastung der Selbstverwaltungskörperschaften, Eingang in die Bestimmungen gefunden hatte.[352] Im Kontext mit der Bestimmung des § 40 RJWG konstatiert Prof. Klumker „die Zusammenhangslosigkeit so vieler neuer Gesetze, die oft ohne Rücksicht auf eine andere neue Regelung, die in ihr Gebiet einschlägt, denselben Stoff von anderen Gesichtspunkten aus beziehungslos neu ordnen."[353] versucht, so dass er gleichsam in einem historischen Rückschritt fordert,

---

[349] Schubert, Werner, ebd., S. 173 bis 176
[350] Schubert, Werner, ebd., S. 188
[351] Klumker, Chr. J., Zur Neuordnung des Unehelichenrechts in JW, 54. Jahrgang, Heft 4, S. 310 bis 312, S. 311
[352] Bäumer, Gertrud u.a. (Hrsg.), Das Reichsgesetz für Jugendwohlfahrt auf Grund amtlichen Materials, Berlin, 1923, S. 121, 135, 136, 94
[353] Klumker, Chr. J., ebd., S. 310

dass die „Rechtsstellung des Unehelichen dem (RJWG) angepasst werden (soll), wenn sie sich nicht mehr schaden als nützen soll."[354]

4. Stellungnahme Munk

Im Dezember 1925 äußerte sich Frau Dr. Marie Munk in Heft 3 der Zeitschrift „Die Frau" auf den Seiten 150 bis 156 unter dem Titel „Die zukünftige Regelung der Rechte des unehelichen Kindes" zu dem im Reichsarbeitsblatt vom 01. Oktober 1925[355] veröffentlichten Gesetzentwurf, nachdem sie zuvor in der Juristischen Wochenschrift, 54. Jahrgang, 1925, in Heft 4, auf den Seiten 309 und 310, unter dem Titel „Die elterliche Gewalt und ihre Reform" Stellung zu einzelnen Punkten der Reformdiskussion bezogen hatte.

a) Rechtliche Begründung der Vaterschaft

Frau Dr. Munk begrüßte die Abschaffung der Mehrverkehrseinrede, die strengen Anforderungen an die Vaterschaft und die Ausweitung des Empfängniszeitraums. Sie unterstrich ihre Zustimmung zur Ausweitung des Empfängniszeitraums mit den damalig eingetretenen Härten, die im Falle einer Hungersnot eine längere Empfängniszeit zur Folge gehabt hätten und damit zur Beweisnot bei der Frau geführt haben.[356]

b) Namensgebung

Die unter Einbindung aller Beteiligten angestrebte Namensänderung durch Erklärung des leiblichen Vaters gegenüber dem Vormundschaftsgericht begrüßte sie. Allerdings machte sie wegen der auch noch im ÄE beibehaltenen Namensgebung durch die Mutter auf den Widerspruch zu der mit dem ÄE verbundenen Zielorientierung, Berücksichtigung der norwegischen Rechtslage, aufmerksam.[357]

c) Das Verwandtschaftsverhältnis des nichtehelichen und des ehelichen Kindes zu seiner Mutter und zu seinem Vater

Frau Dr. Marie Munk verstärkt unter Hinweis auf Auszüge der Veröffentlichung des Vorsitzenden des Archivs Deutscher Berufsvormünder, Prof. Dr. Chr. J. Klumker,[358] ihre Zustimmung zu der angestrebten Neuregelung in den verwandtschaftlichen

---

[354] Klumker, Chr. J., ebd., S. 312
[355] Reichsarbeitsblatt Nr. 37 vom 01. Oktober 1925, S. 459 ff.
[356] Munk, Marie, Die künftige Regelung der Rechte des unehelichen Kindes in „Die Frau", Heft 3, 1925, S. 150 bis 156, S. 150, 151, 153, 154
[357] Munk, Marie, s. Fußnote 357, S. 150
[358] Klumker, Chr. J., Zur Neuordnung des Unehelichenrechts in JW 1925, 34. Jg., Heft 4, S. 310 bis 312

Rechtsbeziehungen zwischen dem nichtehelichen Kind und dem leiblichen Vater in Form einer Unterscheidung zwischen anerkennender und festgestellter Vaterschaft.[359]

d) Das Rechtsverhältnis zwischen Eltern und Kindern

Der Vorschlag des ÄE bei Meinungsverschiedenheiten zwischen Vater und Mutter in der Personensorge, das Vormundschaftsgericht zu beteiligen, wünscht sie auf das Rechtsverhältnis zwischen den Eltern und ihren ehelichen Kindern in § 1634 BGB auszudehnen.

e) Der Unterhaltsanspruch des nichtehelichen Kindes

Deckung besonderer Aufwendungen bei Erkrankung des Kindes durch einen gesonderten Geldbetrag und die gesamtschuldnerische Haftung bei Unsicherheit über die Vaterschaft stoßen bei Frau Dr. jur. Marie Munk auf Zustimmung. Für den letzten Fall fordert sie jedoch, dass das Vormundschaftsgericht den auf die beteiligten Väter entfallenden Unterhaltsbetrag festlegen möge. Zusätzlich erscheint ihr die Einführung eines Unterhaltsvorschusses durch das Jugendamt unter Rückgriff auf den säumigen Vater zur finanziellen Sicherheit von Mutter und Kind sowie die anschließende Beitreibung des Unterhalts beim Vater durch das Jugendamt unter dem Gesichtspunkt der Unterhaltssicherung im Interesse des Kindes für angezeigt.[360] Die Neuregelung des § 1708b Satz 1 und Satz 2, dass der Vater bei Gefährdung seines standesgemäßen Unterhalts alle verfügbaren Mittel zu seinem und des Kindes Unterhalt gleichmäßig zu verwenden habe, hält sie im Vergleich zur bestehenden Rechtslage für ungünstiger; jedoch sieht sie das Erfordernis einer Verhinderung der Kahlpfändung des Vaters.

f) Der Anspruch der Mutter gegen den Erzeuger des Kindes

Die Erweiterung der Rechtslage durch § 1715 Satz 3 wird insbesondere bei Verlust des Arbeitsplatzes infolge Schwangerschaft für notwendig und richtig erachtet.[361]

g) Anfechtung der Ehelichkeit

Sie setzt sich dafür ein, dass auch das Kind zur Anfechtung berechtigt sein soll.[362]

---

[359] Munk, Marie, s. Fußnote 357, S. 150
[360] Munk, Marie, s. Fußnote 357, S. 152 bis 156
[361] Munk, Marie, s. Fußnote 357, S. 153
[362] Munk, Marie, s. Fußnote 357, S. 153

h) Die strafrechtliche Verantwortlichkeit des Unterhaltspflichtigen

In Anlehnung an norwegische Bestimmungen forderte Dr. Marie Munk die Erweiterung um eine Gefängnisstrafe, „falls nicht nach anderen Vorschriften eine noch höhere Strafe verwirkt ist" und aber auch deren Anwendung in der Rechtspraxis.[363]

Frau Dr. Marie Munk wiederholte ihre Stellungnahme zu dem ÄE des Rechts des nichtehelichen Kindes in der Deutschen Juristen-Zeitung, 31. Jahrgang, 1926, Heft 15, auf den Seiten 1070 bis 1074.

i) Elterliche Gewalt bei ehelichen Kindern nach geschiedener Ehe der Eltern

Frau M. Munk wendet sich in ihren Vorschlägen in der Denkschrift des Bundes Deutscher Frauenvereine[364] gegen den rechtlich manifestierten Grundsatz, dass eine Eheverfehlung auch Auswirkungen auf die Personensorge der Kinder aus geschiedener Ehe haben können. Der Schuldspruch im Scheidungsverfahren habe rein gar nichts mit der Entscheidung über die Personensorge zu tun. Eheuntauglichkeit könne nicht gleich erzieherisches Unvermögen sein! Zudem habe der Nachweis besonderer Gründe für eine von diesem Grundsatz abweichende Entscheidung durch das Vormundschaftsgericht immer den 2. Instanzenzug zur Folge. Vielmehr sollte der Gesetzgeber dem Vormundschaftsgericht die Entscheidung über die elterliche Gewalt überlassen. Für diese Entscheidung sollte insbesondere die Tauglichkeit für die Erziehung des Kindes ausschlaggebend sein. Sind beide Eltern gleich gut für die Erziehung geeignet, könnte ja an dieser Stelle die Schuldfrage mit ins Spiel kommen. Mit einem derartigen Vorschlag gedenkt Frau Munk die Wirkung des Scheidungsgrundes auf die elterliche Gewalt abmildern zu können. In den sogenannten Zerrüttungsfällen müsse ohnehin das Vormundschaftsgericht entscheiden. Zusätzlich plädiert sie für die Möglichkeit, dem Ehepartner, der nicht die elterliche Gewalt über das Kind erhalten hat, das Recht des persönlichen Verkehrs mit dem Kind einzuräumen. Ein Entzug des persönlichen Verkehrs hält sie im Falle des Verwirken des Rechts auf elterliche Gewalt und dann für möglich, wenn dem Vater das Personensorgerecht entzogen worden ist. In den Fällen, in denen die Ehepartner ohne Gerichtsentscheidung getrennt leben, sieht Frau Munk die Möglichkeit einer vertraglichen Vereinbarung über die elterliche Gewalt vor. Dies könnte auch als Modell für eine Scheidung aufgrund vertraglicher Vereinbarung zwischen den Eheleuten Platz greifen. Für solche Vereinbarungen sieht Frau Munk die notarielle oder gerichtliche Beurkundung sowie die Genehmigung des

---

[363] Munk, Marie, s. Fußnote 357, S. 155, 156
[364] Munk, Marie, Vorschläge zur Umgestaltung des Rechts der Ehescheidung und der elterlichen Gewalt, in Denkschrift des Bundes Deutscher Frauenvereine, Berlin, 1923

Vormundschaftsgerichts vor. Bei der Verwaltung von Kindesvermögen soll der Elternteil, der die elterliche Gewalt nach der Scheidung erhält, durch einen Beistand, der durch das Vormundschaftsgericht bestellt wird, unterstützt werden.[365]

j) Elterliche Gewalt bei Tod eines Ehegatten
In ihren Vorschlägen stellt zunächst Frau Munk fest, dass der Vater die elterliche Gewalt behält im Falle der Wiederverheiratung, die Mutter sie jedoch verliert. Frau Munk sieht einen Ausgleich darin, wenn das Vormundschaftsgericht die Bestellung eines Beistandes in derartigen Fällen prüft.[366] Bei geschiedenen Paaren soll nach dem Tode des die elterliche Gewalt innehabenden Elternteils, das Vormundschaftsgericht in eine erneute Prüfung eintreten. Bis zur Entscheidung darüber soll das Jugendamt als Pfleger fungieren. Dem sterbenden Ehegatten soll eine testamentarische Verfügung für die Übertragung der elterlichen Gewalt eröffnet werden. Diese letzte Verfügung soll jedoch für das Vormundschaftsgericht nicht bindend sein.[367]

5. Gegenentwurf des Archivs Deutscher Berufsvormünder und des Deutschen Vereins für öffentliche und private Fürsorge sowie die weitere legislative Entwicklung bis zu den Krisenjahren 1930
Der am 01. Oktober 1925 im Reichsarbeitsblatt veröffentlichte und in den Reichsrat eingebrachte Änderungsentwurf (ÄE) zum Recht des nichtehelichen Kindes war in jeglicher Hinsicht fortschrittlich. Er blieb jedoch bis zum Herbst 1928 im Reichstag unbehandelt.[368]

Die Wohlfahrtsverbände hatten jedoch bereits im Februar 1928 einen Gegenentwurf vorgelegt.[369] Die Zielrichtung des Reichtsratsentwurfs, durch eine Gleichstellung der nichtehelichen Kinder mit den ehelichen Kindern bessere Lebensbedingungen zu schaffen wurde bestritten. Die strengeren Anforderungen an die Begründung einer Vaterschaft würden nach Auffassung der Wohlfahrtsverbände dazu führen, dass viele Kinder rechtlich vaterlos seien. Was unter diesem Gedanken auch zu einer konsequenten Ablehnung der gesamtschuldnerischen Haftung mehrerer Väter führen musste und

---

[365] Munk, Marie, s. Fußnote 365, S. 42 bis 44, 44 bis 46
[366] Munk, Marie, s. Fußnote 365, S. 47
[367] Munk, Marie, s. Fußnote 365, S. 44 bis 46
[368] Schubert, Werner, ebd., Die Entwicklung des Familienrechts in der Weimarer Republik, II. Die Reformbestrebungen zur Neugestaltung des Nichtehelichen- und Adoptionsrechts im Ersten Weltkrieg und in der Weimarer Republik, 7. Der Nichtehelichenrechtsentwurf von 1925 (Reichsratsvorlage), S. 56 bis 64, S. 56
[369] Schubert, Werner, ebd., Quellen zur Reform des Nichtehelichenrechts, VI. Anträge der Länder zur 1. Lesung des Nichtehelichenrechtsentwurfs in den Reichsratsausschüssen VII und III, 14. Anhang. Gegenentwurf des Deutschen Vereins für öffentliche und private Fürsorge und des Archivs Deutscher Berufsvormünder zum Gesetzentwurf von 1925 (Februar 1928), S. 301 bis 308

zu einem Plädoyer für einen Anspruch des nichtehelichen Kindes gegenüber dem Jugendamt, verbunden mit der Möglichkeit des Regresses gegenüber den möglichen Vätern. Die Prüfung der wahrscheinlichsten Vaterschaft sollte dem Vormund obliegen.[370] Konsequent wurde in diesem Kontext die Beseitigung der exceptio-plurium-Einrede gefordert.[371] Die Anerkennung der Vaterschaft, als freiwillige Möglichkeit gegenüber der festgestellten Vaterschaft, wurde befürwortet. Der wesentliche Unterschied war jedoch, dass nur die anerkannte Vaterschaft zur Gleichstellung des nichtehelichen mit dem ehelichen Kind, insbesondere im Unterhaltsrecht, führte.

Nach den Stellungnahmen der Länder und der Behandlung in den Ausschüssen des Reichtages wurden auf der Grundlage von Anträgen der Reichsregierung und der Länderberichterstatter ein weiterer Entwurf am 29.11.1928 vom Plenum des Reichsrats verabschiedet.[372] Diese als 1929-er Nichtehelichenrechtsentwurf bezeichnete Reichstagsvorlage scheiterte jedoch am Nichtzustandekommen des notwendigen Kompromisses im Rechtspflegeausschuss des Reichstages, der sich zuvor im Jahre 1929 nicht mit der gebotenen Eile mit dem ÄE befasst hatte. Insbesondere waren die Fürsorge- und Wohlfahrtsverbände nicht zu den für eine erfolgreiche Rechtsänderung erforderlichen Konzessionen bereit.[373] Folge war, dass vor den parlamentarischen Krisenjahren von 1930 die Beratungen über die Novellierung des Nichtehelichenrechts abgebrochen werden mussten.[374]

---

[370] Schubert, Werner, ebd., Die Entwicklung des Familienrechts in der Weimarer Republik, II. Die Reformbestrebungen zur Neugestaltung des Nichtehelichen- und Adoptionsrechts im Ersten Weltkrieg und in der Weimarer Republik, 7. Der Nichtehelichenrechtsentwurf von 1925 (Reichsratsvorlage), S. 56 bis 64, S. 59 bis 62

[371] Schubert, Werner, ebd., Quellen zur Reform des Nichtehelichenrechts, VI. Anträge der Länder zur 1. Lesung des Nichtehelichenrechtsentwurfs in den Reichsratsausschüssen VII und III, 14. Anhang. Gegenentwurf des Deutschen Vereins für öffentliche und private Fürsorge und des Archivs Deutscher Berufsvormünder zum Gesetzentwurf von 1925 (Februar 1928), S. 301 bis 308, S. 302

[372] Schubert, Werner, ebd., Die Entwicklung des Familienrechts in der Weimarer Republik, II. Die Reformbestrebungen zur Neugestaltung des Nichtehelichen- und Adoptionsrechts im Ersten Weltkrieg und in der Weimarer Republik, 9. Der Nichtehelichenrechtsentwurf von 1929 (Reichstagsvorlage), S. 68 bis 76; Quellen zur Reform des Nichtehelichenrechts, XII. Entwurf eines Gesetzes über die unehelichen Kinder und die Annahme an Kindesstatt vom 11.1.1929 (Reichstagsvorlage) S. 364 bis 386

[373] Wagner, Gunter, Die Reformbestrebungen zur Neugestaltung des Nichtehelichenrechts. Eine analytische Dokumentation, Diss. Gießen, 1971, S. 117

[374] Schubert, Werner, ebd., Die Entwicklung des Familienrechts in der Weimarer Republik, II. Die Reformbestrebungen zur Neugestaltung des Nichtehelichen- und Adoptionsrechts im Ersten Weltkrieg und in der Weimarer Republik, 9. Der Nichtehelichenrechtsentwurf von 1929 (Reichstagsvorlage), 10. Zusammenfassende Schlußbetrachtung, S. 68 bis 81, S. 77, 76

6. Der Gesetzesänderungsentwurf der IV. Wahlperiode 1928/30 zur elterlichen Gewalt bei ehelichen Kindern

Der im November/Dezember 1928 an den Rechtspflegeausschuß überwiesene Entwurf eines Gesetzes zur Änderung der Vorschriften über die Ehescheidung enthielt erstmals Bestimmungen über die Ausübung der elterlichen Gewalt bei ehelichen Kindern nach der Scheidung.[375] Der Schuldspruch sollte Auswirkungen auf die Übertragung der Personensorge haben. Für den Ehegatten, dem nicht die Personensorge zustand, sollte der persönliche Verkehr mit dem Kind eröffnet werden.[376] Nur besondere Gründe sollten im Interesse des Kindes eine abweichende Anordnung der Personensorge durch das Vormundschaftsgericht im Interesse des Kindes ermöglichen. Eine Anordnung des Vormundschaftsgerichts sollte auch dann in Betracht kommen, wenn beide Ehegatten für schuldig erklärt worden waren und keine Vereinbarungen über die elterliche Gewalt getroffen hatten.[377] Die gesetzliche Vertretung des Kindes durch den Vater sollte bestehen bleiben. Nur besondere Gründe sollten eine Übertragung der Vermögenssorge auf die Mutter eröffnen und auch nur dann, wenn ihr ebenfalls die Personensorge zustand.[378] Die Änderungen wurden damit begründet, dass die noch bestehende Rechtslage aufgrund ihrer „Starrheit [..] der Vielgestaltigkeit der Verhältnisse nicht gerecht"[379] werde. Insbesondere der Bezug zwischen Schuldspruch und elterlicher Gewalt wird unter folgenden Erwägungen gesehen: „Wenn auch an sich die Tatsache der Schuld oder Nichtschuld an der Ehescheidung Schlüsse auf die Eignung des betreffenden Ehegatten, das Personensorgerecht auszuüben, nur in beschränktem Maße zulässt, so wird doch anerkannt werden müssen, dass es einer im Volksempfinden wurzelnden Auffassung entspricht, wenn das Gesetz bei sonst gleicher Lage den unschuldigen Teil als den eher Berufenen sieht. Ihre ethische Rechtfertigung findet diese Auffassung darin, dass die Ehegatten und die aus der Ehe entsprossenen Kinder *eine* Gemeinschaft bilden und die Verfehlung gegen eines der Glieder dieser Gemeinschaft sich letzten Endes auch als Verfehlung gegen die Gemeinschaft als Ganzes und damit auch gegen die anderen Glieder darstellt. Es wird danach an dem Grundsatz des geltenden Rechtes festzuhalten sein."[380] Die Aufhebung des Personensorge- und

---

[375] Schubert, Werner, ebd., Quellen zur Reform des Ehescheidungsrechts, III. Verhandlungen des 13. Ausschusses (Rechtspflege des Reichstags, IV. Wahlperiode 1928/30), 1. 17. Sitzung. Verhandelt Berlin, den 8. April 1929, Anlage: Entwurf eines Gesetzes zur Änderung der Vorschriften über die Ehescheidung, Begründung, S. 597 bis 613, 598, 608 bis 611
[376] Schubert, Werner, ebd., S. 598
[377] Schubert, Werner, ebd., S. 598
[378] Schubert, Werner, ebd., S. 598
[379] Schubert, Werner, ebd., S. 609
[380] Schubert, Werner, ebd., S. 610

Vermögenssorge-Splitting bei Vorliegen besonderer Gründe wurde mit bekannt gewordenen „Mißhelligkeiten"[381] aus der Fürsorgepraxis in Einzelfällen zurückgeführt.[382]

7. Die Verhandlungen des 36. Deutschen Juristentag

Der 36. Deutsche Juristentag hat sich mit der Ausübung der elterlichen Gewalt bei ehelichen Kindern auseinandergesetzt.

a) Frau Dr. Rebstein-Metzger

Frau Dr. Rebstein-Metzger lehnt sich in ihrer Stellungnahme zur damaligen Reformdiskussion an die Vorschläge von Frau Dr. Munk, die bereits mit der Denkschrift des Bundes Deutscher Frauenvereine zum Ausdruck gekommen sind, weitestgehend an. Ihre Ausführungen zum Recht des ehelichen Kindes beschränken sich „auf den einen Gesichtspunkt der Gleichberechtigung."[383] Aufgrund der im Munk'schen Vorschlag geforderten gemeinschaftlichen Ausübung der elterlichen Gewalt sieht sie in einem Recht der Ehegatten zu gegenseitiger Bevollmächtigung keinen rechtlichen Bedarf.[384]

In einem von Amts wegen eingeführten Entscheidungsrechts des Vormundschaftsgerichts über die elterliche Gewalt nach der Scheidung und in den Fällen des Getrenntlebens der Ehegatten erblickt sie im ersteren Fall quantitative (Überlastungsgesichtspunkt) und im letzteren Fall qualitative (Unmöglichkeit der Kenntnisnahme) Praxisprobleme.[385]

b) Dr. Ernst Dronke

Das Gutachten des Oberlandesgerichtspräsidenten Dr. Ernst Dronke, Frankfurt a.M.,[386] unterschied zwischen der Ausübung der elterlichen Gewalt während bestehender und nach Auflösung der Ehe. Herr Dronke fordert zunächst die gemeinschaftliche Wahrnehmung und hebt besonders hervor, dass die Wahrnehmung der Vermögenssorge beim ehelichen Kind vom jeweiligen Güterstand abhängig sei.[387] Er fordert, dass die Eltern zu vereinbaren haben, „wem von ihnen die Ausübung der Vertretung unbescha-

---

[381] Schubert, Werner, ebd., S. 610
[382] Schubert, Werner, ebd., S. 611
[383] Gutachten von Frau Dr. Rebstein-Metzger in Verhandlungen des 36. Deutschen Juristentages, S. 540 bis 591, 581 bis 590, S. 581, 582
[384] Gutachten von Frau Dr. Rebstein-Metzger, s. Fußnote 384, S. 584 bis 586
[385] Gutachten von Frau Dr. Rebstein-Metzger, s. Fußnote 384, S. 588, 589
[386] Gutachten von Dr. Ernst Dronke in Verhandlungen des 36. Deutsche Juristentages, S. 592 bis 630, S. 609
[387] Gutachter Dr. Dronke, ebd., S. 609, 611

det der Vorschrift des § 1267 Abs. 2 zusteht."[388] Meinungsverschiedenheiten über die Ausübung der elterlichen Gewalt muß er daher unter Berücksichtigung dieser rechtlichen Erwägung als überflüssig ablehnen.[389] Für den Fall, dass ein Elternteil die elterliche Gewalt verwirkt habe, soll sie dem anderen Ehegatten allein zustehen.[390] Er fordert, dass die Elterliche Gewalt, nicht nur die Personensorge, nach einem Schuldspruch im Scheidungsverfahren vom für schuldig erklärten Geschiedenen verwirkt ist.[391]

c) Gegenstellungnahme von Frau Dr. Munk

Frau Dr. Munk kritisiert im Vorgriff auf die noch stattfindende Diskussion des 36. Deutschen Juristentages unter Bezugnahme auf die ihr vorliegenden Gutachten in der Deutschen Richter-Zeitung, Heft 8/9, auf den Seiten 300 bis 303 unter dem Titel „Inwiefern bedürfen die familienrechtlichen Vorschriften des BGB mit Rücksicht auf den die Gleichberechtigung der Geschlechter aussprechenden Art. 119 Abs. 1 Satz 2 RV einer Änderung?" in einzelnen Punkten das Gutachten von Dr. Dronke. Insbesondere wendet sie sich gegen den Verwirkungsvorschlag der elterlichen Gewalt mit der Begründung, dass der andere Ehegatte, der das Vergehen oder Verbrechen an dem Kinde nicht verhindert habe, nicht die elterliche Gewalt haben dürfe. Gleichzeitig führt sie dies auf die Zielstellung des Gutachtens von Dr. Dronke zurück. Es ginge Dr. Dronke vorrangig um die Ausübung der elterlichen Gewalt, als um das Kindeswohl. Gerade deshalb sei eine vormundschaftsgerichtliche Beteiligung geboten.[392] Ihre Argumentation gegen das Vereinbarungserfordernis der Eltern über die elterliche Gewalt hebt mittelbar noch einmal ihre Feststellung über die aus ihrer Sicht fehlgeschlagene Zielstellung des Dronk'schen Gutachtens hervor, indem sie konstatiert, dass es „vielmehr Aufgabe des Gesetzes (sei), für den Regelfall vorzusorgen."[393] Dies offenbart sie auch in ihrer deutlichen Ablehnung zu einer Abhängigkeit zwischen Schuldspruch im Scheidungsverfahren und Erteilung der elterlichen Gewalt nach der Scheidung.[394]

---

[388] Gutachter Dr. Dronke, ebd., S. 610
[389] Gutachter Dr. Dronke, ebd., S. 613
[390] Gutachter Dr. Dronke, ebd., S. 615
[391] Gutachter Dr. Dronke, ebd., S. 618, 619
[392] Munk, Marie, Inwiefern bedürfen die familienrechtlichen Vorschriften des BGB. Mit Rücksicht auf den die Gleichberechtigung der Geschlechter aussprechenden Art. 119 Abs. 1 Satz 2 RV einer Änderung? In DRiZ, 1931, Heft 8/9, S. 300 bis 303, S. 302
[393] Munk, Marie, s. Fußnote 393, S. 303
[394] Munk, Marie, s. Fußnote 393, S. 303

d) Stellungnahme von Frau Dr. Margarete Berent zu dem Gutachten von Frau Dr. Emmy Rebstein-Metzger

Frau Dr. Margarete Berent geht in ihrer Veröffentlichung[395] nicht näher auf den Aspekt einer Abhängigkeit zwischen elterlicher Gewalt und Schuldspruch bei Scheidung im Rebstein-Metzger'schen Gutachten ein.

e) Entschließung des 36. Deutschen Juristentages

Die Entschließung bezüglich der elterlichen Gewalt bei bestehender und bei aufgelöster Ehe entsprach dem in diesem Abschnitt, Ziffer II., Nr. 1 Buchstabe dd) dargestellten Wortlaut.

8. Weitere legislative Entwicklung bis zum Beginn des 3. Reiches

Die abgebrochenen Parlamentsberatungen wurden nicht mehr aufgenommen. Die bisherige Rechtslage des BGB von 1896 im Nichtehelichenrecht blieb vorerst bestehen. Zu einer Behandlung über eine Gesetzesänderung der elterlichen Gewalt bei ehelichen Kindern nach der Scheidung ist es offensichtlich bis zum Beginn des 3. Reichs nicht mehr gekommen.[396]

V. Fazit zu Ziffer II und IV dieses Abschnitts

In einzelnen Punkten der Reformfragen, so z.B. zur Haftungsfrage für Schulden bei Ausübung der Schlüsselgewalt[397] oder zur Frage der Bevollmächtigung bei Ausübung der elterlichen Gewalt[398], gibt es zwischen den Reformvorschlägen der Mitglieder des Deutschen Juristinnenvereins, Frau Dr. Marie Munk, Frau Dr. Margarete Berent und Frau Dr. Emmy Rebstein-Metzger, differenzierte Sichtweisen. Ein unterschiedliches Grundverständnis zwischen den Mitgliedern des Deutschen Juristinnenvereins über das Recht der Frau in den og. Rechtsbereichen kann jedoch nicht festgestellt werden. Was Inhalt und Gegenstand dieses Grundverständnisses gewesen ein könnte, wird im Rahmen einer rechtspolitischen und rechtssoziologischen Betrachtung unter Abschnitt E. erörtert.

---

[395] Berent, Margarete, Die Neugestaltung des Familienrechts in Die Frau, 38. Jahrgang, Heft 12, September 1931, S. 725 bis 730, S. 730

[396] Schubert, Werner, ebd., Die Entwicklung des Familienrechts in der Weimarer Republik, II. Die Reformbestrebungen zur Neugestaltung des Nichtehelichen- und Adoptionsrechts im Ersten Weltkrieg und in der Weimarer Republik, 9. Der Nichtehelichenrechtsentwurf von 1929 (Reichstagsvorlage), 10. Zusammenfassende Schlußbetrachtung, S. 68 bis 81, S. 76, 77; III. Zur Reform des Ehescheidungsrechts, S. 82 bis 92, S. 89 bis 92,

[397] Vgl. diesen Abschnitt der Arbeit D., Ziffer II., Nr. 1., Buchstaben c), cc)

[398] Vgl. diesen Abschnitt der Arbeit D., Ziffer IV., Nr. 6., Buchstabe a)

VI. Einblicke auf die Einflussnahme der Mitglieder des Deutschen Juristinnenvereins auf die weitere Rechtsentwicklung

Eine Einflussnahme setzt von ihrem Wortlaut voraus, dass eine Einwirkung auf einen legislativen Rechtswandlungsprozeß erfolgt ist. Weder lässt sich eine Rechtsänderung in der Weimarer Republik ausmachen, noch lässt sich nach dem gegenwärtigen Stand der Archiv- und Literaturrecherchen eine gesellschaftliche Spitzenposition des Deutschen Juristinnenvereins in der Weimarer Republik oder gar eine Analyse des legislativen Willensbildungsprozesses durchführen. Eine Beurteilung einer Einflussnahme könnte nur partiell anhand der Wortmeldungen einzelner Personen, z.B. im Rahmen der Diskussionen auf den Deutschen Juristentagen, erfolgen, in der herausgearbeitet und festgestellt wird, welche Rechtsauffassungen nun in die Entschließungen Eingang gefunden haben. Diese Methodik führt aber zu keinem validen Rückschluss einer Einflussnahme. Es muß daher konstatiert werden, dass es lediglich eine Beteiligung einzelner Mitglieder des Deutschen Juristinnenvereins im Rahmen größerer Organisationen, wie z.B. des Bundes Deutscher Frauenvereine, gemeinsam mit anderen Frauen gegeben hat, so dass der Einzelbeitrag des jeweiligen Mitglieds des Deutschen Juristinnenvereins in den weiteren Aktivitäten der größeren Organisationen eingebettet ist. Auch wenn die Veröffentlichungen der Mitglieder des Deutschen Juristinnenvereins, z.B. die Vorschläge von Frau Dr. Marie Munk, Marksteine gesetzt haben, so bleiben sie 'Rüstzeug' der politischen Initiative des Bundes Deutscher Frauenvereine, aber nicht selbst Einflussnahme. Welche gedanklichen Konsequenzen ergeben sich aber aus der Beteiligung der Mitglieder des Deutschen Juristinnenvereins an der Reformdiskussion im Ehe- und Familienrecht der Weimarer Republik für die Betrachtung der Reformdiskussion und dieRechtsentwicklung nach 1945 und wie fanden diese gedanklichen Konsequenzen ihr Abbild ?

Alle Vorschläge und Überlegungen der Mitglieder des Deutschen Juristinnenvereins sind von der Vorstellung einer grundsätzlichen Selbständigkeit der Rechtspersönlichkeit geprägt und weisen unter Berücksichtigung des sozialen und wirtschaftlichen Wandels der damaligen Zeit auch für die Verhältnisse des Bürgertums bzw. bessergestellter Schichten, denen die Mitglieder des Deutschen Juristinnenvereins anhand ihrer Lebensläufe ja ausgewiesenermaßen nun einmal entstammten, starke Implikationen auch auf andere Rechtsbereiche auf. Zum Beispiel die Forderung der Abschaffung des § 1358 BGB i.d.F. von 1896 hätte zwangsläufig auch Reformdiskussionen und -überlegungen im Arbeitsrecht zur Folge gehabt. Die Frauenbewegung und die Mitglieder des Deutschen Juristinnenvereins haben bereits verdeutlicht, dass ihre Vorschläge, anknüpfend an die allumfassende Rechtsproblematik der Rechtsstellung der Frau, erstens, nicht nur Vorschläge des einen Rechtsbereichs bleiben können, sondern auch auf Dauer Auswirkungen in anderen Rechtsbereichen zeitigen müssen. Nicht nur dieser wichtige Gesichtspunkt und zweitens, die Tatsache, dass mit Inkrafttreten des Grundgesetzes der Gleichheitssatz des Art. 3 II GG nicht nur Programmsatz, sondern i.S. von Art. 1 III GG Rechtsanwendungsgebot war, bestimmten nach Auffassung der Verfasserin den zeitlichen Ablauf des nach 1945 eintretenden rechtlichen Wandlungsprozeßes. Zusätzlich Drittens: Insbesondere die erst langsam sich wandelnden gesellschaftlichen Vorstellungen über eine veränderte Lebenspraxis und die damit verknüpften Rechtsbeziehungen zwischen Mann und Frau im Ehe- und Familienrecht. Letztendlich Viertens: Die veränderte Lebenspraxis wurde zunächst nur durch wenige einzelne Personen, dann bedingt durch die wirtschaftliche Entwicklung, erst späterhin, auch von einer breiteren, gesellschaftlichen Akzeptanz getragen. Alle 4 Punkte lassen sich nach Auffassung der Verfasserin nicht nur an dem zähflüssigen Reformprozess bis zum Ende des 20. Jahrhunderts im Ehe- und Familienrecht, sondern bereits zu Beginn der Rechtsdiskussion nach 1945 erkennen: Nachdem der Stichtag des 31. März 1953 für ein dem Art. 3 II GG im Widerspruch stehenden Rechts verstrichen war, entbrannte im Eherecht eine Diskussion darüber, welche familienrechtlichen Strukturen aus der Verfassung unmittelbar abzuleiten seien. Als weiteres Beispiel: die Diskussion um das Nichtehelichengesetz. Es war maßgeblich von der Frage getragen, ob eine zu starke Angleichung der Rechte des nichtehelichen Kindes an das Recht der ehelichen Kinder nicht den tragenden Säulen der Gesellschaft, der Ehe und Familie, schaden könne.[399] Die weitere Rechtsentwicklung nahm deshalb ihren Fortgang wie folgt: §§ 1354, 1358 BGB ist erst mit dem Gleichberechtigungsgesetz vom 18. Juni 1957 ersatzlos gestrichen, der Güterstand der Zugewinngemeinschaft, die Verwaltung und Nutznießung der Frau über ihr eigenes Vermögen sowie die gesetzliche Anerkennung der Haushaltsführung als Unterhaltsbeitrag und ein Anspruch auf angemessene Mittel für persönliche Bedürfnisse (§§ 1360, 1360 a BGB i.d.F. v. 18. Juni 1957) sind festgelegt worden.[400] Erst mit dem 1. EheRG vom 14. Juni 1976 kam eine veränderte Rechtsposition im Sinne der Gleichberechtigung bereits im Wortlaut zum Ausdruck, indem nunmehr „Ehegatten" das eheliche Leben im Einvernehmen, d.h. insbesondere

---

[399] Schwab, Dieter, Gleichberechtigung und Familienrecht im 20. Jahrhundert in: Gerhard, Ute (Hrsg.), Frauen in der Geschichte des Rechts: Von der Frühen Neuzeit bis zur Gegenwart, München, 1997, S. 790 bis 827, S. 805 bis 809, 822, 823

[400] Schwab, Dieter, ebd. S. 810, 811

hinsichtlich der Schlüsselgewalt, partnerschaftlich regeln sollten. Gleichwohl musste das Bundesverfassungsgericht hinsichtlich des Namensvorrangs des Mannesnamens, für den Fall, dass sich die Ehegatten nicht auf einen gemeinsamen Familiennamen geeinigt hatten, im Jahre 1991 den Gesetzgeber zur Nachbesserung auffordern. Im Jahre 1993 wurde das umstrittene Familiennamensrechtsgesetz verabschiedet.[401]

Eine Änderung des Scheidungsrechts ließ noch länger auf sich warten. Erst seit dem 01. Juli 1978 gilt das Zerrüttungsprinzip und nicht mehr das Verschuldensprinzip. Es beinhaltet zudem die Möglichkeit, bereits vor Ablauf eines dreijährigen Getrenntlebens, frühestens nach 1 Jahr, unter bestimmten Voraussetzungen, z.B. einen Vorschlag über eine Regelung der elterliche Sorge des gemeinschaftlichen Kindes, die einverständliche Scheidung herbeizuführen. Dennoch blieb der mit einer Eheverfehlung verknüpfte Unterhaltsnachteil bis zum UÄndG vom 20. Februar 1986 mittelbarer Ausdruck eines Verschuldensprinzips. Ob die Versagung, Herabsetzung oder zeitliche Begrenzung des Unterhalts infolge eines offensichtlichen schwerwiegenden Fehlverhaltens des Unterhaltsberechtigten gegenüber dem Unterhaltsverpflichteten als ein „offenes Verschuldenselement" angesehen werden kann, ist rechtspolitisch umstritten.[402] Nach 1949 fand Art. 6 GG zur Stellung des nichtehelichen Kindes einen dem Art. 121 WRV ähnlichen Wortlaut. Dennoch wurde der Gesetzgeber erst aufgrund eines Ultimatums des Bundesverfassungsgerichts tätig. Seit der Neuregelung durch das NEhelG vom 19. August 1969 ist ab dem 01. Juli 1970 eine Verwandtschaft des nichtehelichen Kindes zum Vater bei verbindlicher Feststellung der Vaterschaft gegeben. Nach wie vor ist die Frage des Mehrverkehrs, wenn auch in abgeschwächter Form, im Verfahren über die Feststellung der Vaterschaft von Bedeutung (§ 1600 o i.j.g.F.) und eine gesamtschuldnerische Haftung mehrerer gleich wahrscheinlicher Väter ausgeschlossen, so dass „Gleiche Wahrscheinlichkeit der Vaterschaft zweier Männer.stets zur Klageabweisung."[403] führt. Die Mutter des nichtehelichen Kindes hat neben der elterlichen Sorge auch die gesetzliche Vertretung wahrzunehmen und wird von Seiten einer kraft Gesetzes eintretenden Pflegschaft des Jugendamtes unterstützt. Das nichteheliche Kind vermag aber noch nicht den Namen des leiblichen Vaters zu führen. Ein persönlicher Umgang zwischen Vater und Kind sind kein förmliches Recht

---

[401] Schwab, Dieter, ebd., S. 811, 812
[402] Schwab, Dieter, ebd., S. 816, 817
[403] Mutschler, Dietrich, § 1600 o Rdnr. 26 in: Rebmann, Kurt und Säcker, Franz Jürgen, Münchener Kommentar zum Bürgerlichen Gesetzbuch, Band 8, Familienrecht II, §§ 1589 - 1921. KJHG, 3. Auflage, München, 1992

und gerichtlich nur zum Wohl des Kindes durchzusetzen. Es sei denn, der Vater hat gemeinsam mit der Mutter eine Sorgeerklärung getroffen.[404]

Bei der elterlichen Gewalt ehelicher Kinder bedurfte es der Entscheidung des Bundesverfassungsgerichts vom 29. Juli 1959, um den in § 1628 i.d.F. des Gleichberechtigungsgesetzes v. 18. Juni 1957 enthaltenen Stichentscheid des Vaters einer gesetzlichen Änderung zuzuführen. Die Eltern üben nunmehr die Personensorge gemeinschaftlich aus und vertreten ihre Kinder gemeinschaftlich, was eine wechselseitige Bevollmächtigung einschließt; jedoch die gesetzliche Vertretung zunächst noch, nach wie vor, dem Vater zuwies.[405] 1977 wurde die elterliche Gewalt über die ehelichen Kinder für die Zeit nach der Scheidung verschuldensunabhängig geregelt. Die Regelung, dass für die Zeit nach der Scheidung ein gemeinsames Sorgerecht der Eltern ausgeschlossen war, blieb zunächst Gegenstand bundesverfassungsrechtlicher Kritik.[406] Mit dem Gesetz zur Sicherung des Unterhalts von Kindern alleinstehender Mütter und Väter durch Unterhaltsvorschüsse oder -ausfallleistungen vom 23. Juli 1979 (BGBl. I, S. 1184) wurde mit Wirkung vom 01. Januar 1980 der Anspruch von Kindern bis zum vollendeten 6. Lebensjahr für die Dauer von 36 Leistungsmonaten auf die Regelbedarfssätze für nichteheliche Kinder beschränkt.[407] Eine Strafbarkeit der Unterhaltspflichtverletzung wurde 1943 durch eine vom Ministerrat für die Rechtsverteidigung erlassenen Verordnung zum Schutze von Ehe, Familie und Mutterschaft als § 170 b, verbunden mit einer Streichung des § 361 Abs. 1 Nr. 10 RStGB, eingeführt. Durch Streichung der Worte „trotz der Aufforderung der zuständigen Behörde" und den Verzicht auf eine fremde Hilfe durch behördliche Vermittlung wurde der bislang im Vordergrund stehende Schutzzweck der Norm, Verhinderung missbräuchlicher Inanspruchnahme von behördlichen Leistungen, beseitigt und der § 170 b StGB erlangte damit den Stellenwert eines Vergehens gegen Ehe und Familie.[408] Die Forderungen der Mitglieder des Deutschen Juristinnenvereins zum Recht des nichtehelichen Kindes blieben bis heute teilweise unerfüllt. Die Verwirklichung der übrigen Reformbestrebungen in den anderen Bereichen des Ehe- und Familienrechts konnten die Mitglieder des Deutschen Juristinnenvereins nicht mehr erleben. .

---

[404] Schwab, Dieter, ebd., S. 823, 824
[405] Schwab, Dieter, ebd., S. 810, 811
[406] Schwab, Dieter, ebd., S. 823, 824
[407] Köhler, Wolfgang, § 1601 Rdnr. 9 in: Rebmann, Kurt und Säcker, Franz Jürgen, Münchener Kommentar zum Bürgerlichen Gesetzbuch, Band 8, Familienrecht II, §§ 1589 - 1921 . KJHG, 3. Auflage, München, 1992
[408] Ehrbeck, Dorkas, Der Straftatbestand der Unterhaltsentziehung aus rechtsvergleichender Sicht -Eine Fünf-Länder-Studie, Frankfurt a.M., 1990, A. Bundesrepublik Deutschland, I. Entstehungsgeschichte des § 170 b StGB, S. 7 bis 10, S. 8 und 9

E. Das Engagement der Mitglieder des Deutschen Juristinnenvereins im rechtssoziologischen und rechtspolitischen Kontext

Was haben die Mitglieder des Deutschen Juristinnenvereins also mit ihren Forderungen erreicht? Lediglich eine Mitwirkung an der Reformdiskussion ihrer Zeit? Die Verfasserin ist der Auffassung, dass eine Betrachtung im rechtspolitischen und rechtssoziologischen Kontext Aufschluss über diese Fragen verspricht. Hierzu möchte sie eingangs auf einige grundlegende Überlegungen zur Rolle des Rechts im sozialen Wandel hinweisen, um dann gleichsam auf die in Abschnitt A., Ziffer II. dargestellten Pluralismustheorien jener Zeit zurück zu kommen.

I. Einige rechtspolitische Überlegungen

„Eine Gesellschaft ist ein komplexes System von untereinander abhängigen Variablen, deren jeder Veränderungen in Gang setzen und auf die anderen übertragen kann."[409] Recht ist damit nicht allein technisches Mittel, sondern Sinnesmittler und damit in seiner kommunikativen Form Bestandteil der gesellschaftlichen Struktur und Wirklichkeit. Das Recht steht damit in einem Wert- und Zweckzusammenhang mit anderen gesellschaftlich gewachsenen sozialen Handlungsbereichen und entfaltet nur dann Wirksamkeit, wenn es mit den anderen gesellschaftlichen Handlungsbereichen vereinbar ist. Die dem Recht hierin obliegende „Erwartungssicherung" wird in Zeiten des sozialen Wandels, insbesondere durch den Ausgleich von Widersprüchen zwischen einzelnen Handlungsbereichen, erzielt.[410]

Also bewegen sich Reformüberlegungen im Recht zwischen der Anerkennung historisch gewachsener, gesellschaftlicher Wertvorstellungen über Lebensweisen in sozialen Einheiten, wie der Familie, und den zukünftigen gesellschaftlichen Erfordernissen rechtlicher Regeln; um sich damit den Zugang zu der Frage zu eröffnen, ob eine Vermittlung zwischen ihnen gelingt bzw. gelingen kann.

1. Historisch gewachsene gesellschaftliche Handlungsbereiche

Zu den historisch gewachsenen gesellschaftlichen Handlungsbereichen im Bereich des Ehe- und Familienrechts gehören die Festlegungen der sozialen und wirtschaftlichen Rollen der Frauen, Männer und Kinder in dem sozialen Verband der Familie durch die Rechtsstrukturen des BGB vom 18. August 1896. Alle außerhalb dieses Verbandes der

---

[409] Ogburn, William Fielding, Kultur und sozialer Wandel, Neuwied, 1969, S. 139, 140
[410] Rüdiger Voigt, Steuerung der Gesellschaft durch Recht ?; Ulrich Penski, Recht als kommunikative Form bei der Änderung sozialer Verhältnisse durch Politik in: Rüdiger Voigt (Hrsg.), Neue Zugänge zum Recht, Siegen, 1986, S. 3 bis 39, insbesondere S. 31 bis 36

Familie liegenden gesellschaftlichen Vorgänge, so z.b. die Existenz eines nichtehelichen Kindes, wirken auf die Rechtsposition der Mitglieder des Verbandes der Familie ein und gehören damit in den rechtlichen Regelungszusammenhang. Die mit den Rechtsvorschriften verbundenen rechtspolitischen Zielsetzungen sichern die Kommunikation der Geschlechter unter ganz bestimmten, sozialen, wirtschaftlichen und damit stabilen Verhältnissen. Das Ehe- und Familienrecht der Weimarer Republik unter den Rechtsstrukturen des BGB von 1896 war ein historisch gewachsenes „patriarchalische[s]"[411], geprägt von einem „christlich-konservative[n] Ehebild."[412] Das Erziehungsrecht der Eltern stand „unter staatlicher Überwachung."[413] Die Fassung des BGB von 1896 war auch das Ergebnis des Einflusses der Industrialisierung auf die deutsche Familienrechtsentwicklung, der Veränderungen über die Auffassungen der Funktion der Familien in der Gesellschaftstheorie sowie die juristische Umsetzung auf der Grundlage eines pandektistischen Verständnisses.[414] Mit der Veränderung des volkswirtschaftlichen Produktionsprozesses lockert sich das Rechtsinstitut des Hauses und das „Wesen der Ehe."[415] Ein Ausdruck, dass der Gesetzgeber nicht alle gesellschaftlichen Veränderungen aus politischem Kalkül aufgreifen will, findet sich beispielhaft in der „Erschwerung der Scheidung" und „bildet geradezu einen gegenläufigen Prozess - dessen gesellschaftliche Ursache jedoch ebenfalls in den Auswirkungen der Industrialisierung gefunden werden kann."[416] Zum Zeitpunkt der Rechtssetzung ist darum eine soziale Gleichstellung der Frau in den bürgerlichen Schichten nicht und im Proletariat nur faktisch feststellbar; gleichzeitig findet sich eine Individualisierung in der persönlichen Beziehung zwischen Eltern und Kindern.[417]

---

[411] Nörr, Knut Wolfgang, Zwischen den Mühlsteinen, Tübingen, 1988, 2. Kapitel, Bürgerliches Recht, § 14 Familienrecht, S. 93 bis 100, S. 94

[412] Nörr, Knut Wolfgang, ebd., S. 99

[413] Nörr, Knut Wolfgang, ebd., S. 94

[414] Dörner, Heinrich, Industrialisierung und Familienrecht, Die Auswirkungen des sozialen Wandels dargestellt an den Familienmodellen des ALR; BGB und des französischen Code civil, Berlin, 1974, Zweites Kapitel, Das Familienrecht des BGB als Modell einer industrialisierten bürgerlichen Gesellschaft, II. Die ideengeschichtliche Entwicklung zum bürgerlichen Familienmodell, 2. Vom Rechtsverhältnis zur sittlichen Institution, S. 78 bis 91

[415] Oekinghaus, Emma, Die gesellschaftliche und rechtliche Stellung der deutschen Frau, Jena, 1925, Kapitel I: Die historisch-soziologischen Grundlagen der gesellschaftlichen und rechtlichen Stellung der deutschen Frau, § 1. Das Problem, S. 1; Dörner, Heinrich, ebd., 6. Ergebnis, S. 117, 118

[416] Dörner, Heinrich, ebd., 4. Die Scheidung, b) Scheidung nach dem Willen der Gatten, S. 111 bis 113, S. 111

[417] Dörner, Heinrich, ebd., I. Die Zerstörung des 'Hauses', 2. Die Emanzipation der Frau, S. 68 bis 69, S. 68; 3. Die Freisetzung des Kindes, S. 69 bis 70, S. 69

2. Die Existenz von gesellschaftlichen Handlungsbereichen im sozialen und wirtschaftlichen Wandel

Aufgrund der tiefgreifenden Veränderungen der sozialen und wirtschaftlichen Situation der Frauen in der Weimarer Zeit hatte sich die soziale Rolle und damit die Kommunikationsstruktur zwischen den Individuen innerhalb der Familie erneut verändert.

Der neuen sozialen und wirtschaftlichen Rolle der Frau stand eine auf traditionellen Werten beruhende Familienpolitik der Weimarer Zeit gegenüber. Folge war, dass Reformbestrebungen unausweichlich in Gang kamen.[418] Nach Auffassung der Verfasserin ist zunächst nicht entscheidend, wie dieser Rechtsänderungsprozeß zum Ausdruck gebracht wird, ob in entsprechenden verfassungsrechtlichen Bestimmungen, wie Art. 119 oder 121 WRV oder in Form einfachgesetzlichen Reformentwürfen. Von entscheidender Bedeutung ist etwas anderes und darauf hat Hugo Sinzheimer im Zusammenhang zwischen legislativem Prozess und gesellschaftlichem Wandel insbesondere in Bezug auf emanzipatorische Bestrebungen bzw. soziale Bewegungen in seiner Theorie der Gesetzgebung aufmerksam gemacht: „das legislative Schaffen [..] an die dynamische Seite des gesellschaftlichen Lebens [..] anknüpft."[419] Mitbestimmend für den Ablauf eines Reformprozesses steht nicht die Wahl der Mittel, sondern die Erkenntnis, dass in der wirtschaftlichen und sozialen Situation etwas, hier z. B. die Rolle der Frau, stetig im Fluss bzw. in der Veränderung begriffen ist. Rückblickend betrachtet hatte der Gesetzgeber zum Zeitpunkt der Fassung des BGB von 1896 erkannt, dass die gesellschaftlichen Veränderungen auch Rechtsänderungen zeitigen werden. Aus politischem Kalkül hat er dieser Erkenntnis nicht nachgegeben, sondern z.B. „Das Scheidungsrecht" als „sittliche(s) Erziehungsmittel [..] im Kampf gegen „Socialdemokratie und Anarchismus"[420] verwendet. Bleiben jedoch gesellschaftliche Veränderungen rechtlich unerfüllt, gelangen sie zu einem späteren Zeitpunkt „an die Oberfläche" neuer Reformbestrebungen. Also ist Ausdruck der Dynamik eines Wandlungsprozesses nicht der Übergang von einem historisch gewachsenen Handlungsbereich, z.B. der Hausfrau und Mutter, hin zu der Entwicklung eines neuen, aber noch nicht mit festen Strukturen ausgestatteten gesellschaftlichen Handlungsbereichs, z.B. der berufstätigen Frau, sondern ob und wie vorhergehende gesellschaftliche

---

[418] Vgl. die Ausführungen zu Abschnitt D., Ziffer II. und IV.

[419] Sinzheimer, Hugo, Arbeitsrecht und Rechtssoziologie, Gesammelte Aufsätze und Reden, Frankfurt a.M./Köln, 1976, Band II, Teil V, Zur Rechtssoziologie und Rechtstheorie, Theorie der Gesetzgebung, S. 245 bis 309, Kapitel 3, Die dynamische Seite des gesellschaftlichen Lebens, § 1 Die gesellschaftlichen Bewegungen, S. 262 bis 266, S. 262

[420] Vgl. die Ausführungen in Abschnitt D., Ziffer I zu den Motiven; Dörner, Heinrich, ebd., II. Die ideengeschichtliche zum bürgerlichen Familienmodell, 4. Die Scheidung, b) Scheidung nach dem Willen der Gatten, S. 111 bis 113, S. 112

Veränderungen in den Rechtsänderungsprozeß implementiert worden sind und ob weitere, andere Veränderungen hinzutreten. Hieraus schöpft die Rechtsentwicklung ihre stetige Dynamik. In der Weimarer Zeit wurde diese Dynamik zur gesellschaftlichen und rechtlichen Stellung der Frau etwas nebulös folgendermaßen erkannt: „Ihre gesellschaftliche und rechtliche Stellung ist schwankend."[421] Alle Beteiligten der gesellschaftlichen Entwicklung und damit alle Menschen der Gesellschaft sind mannigfaltigen (außerfamiliären) Einflüssen ausgesetzt, was gleichsam einen Wandlungsprozeß, auch in der gesellschaftlich kleinen Gruppe der Familie, als einen kulturellen Prozess greifbar werden läßt. "Die Rechtsentwicklung bildet daher nur einen einzelnen Bestandteil eines umfassenderen sozialen Prozesses, in dem das Bewusstsein der Gesellschaft auf tiefgreifende Wandlungen der Familienorganisation mit dem Hervorbringen eines veränderten Wertsystems und neuer Leitbilder reagiert."[422] Die Parallelität von Erwerbs- und Familienwirtschaft der Weimarer Zeit führt zu einer Parallelität von Vertrags- und Herrschaftsverhältnis, d.h. dem rechtlichen Ausdruck von Wahlfreiheit und Abhängigkeit.[423] Auf dieser Erkenntnis fußte auch das Engagement der bürgerlichen Frauenbewegung, denn politische Partizipation verstand sie als Mitarbeit auf allen Gebieten des gesellschaftlichen Lebens.[424] Das dies so war, lässt sich insbesondere im historischen Rückblick der Frauenbewegung als „soziale Bewegung"[425] und nach Auflösung der alten Ordnungen des ständischen Patriarchalismus bei Veränderung der Produktionsverhältnisse als Überführung in einen sogenannten „Basisprozeß"[426] erkennen. Dieses Grundverständnis in der Frauenbewegung musste zwangsläufig die Erkenntnis über mannigfaltige Wechselwirkungen in einem sozialen und wirtschaftlichen Wandlungsprozeß gleichsam voraussetzen. „Das heftige Tauziehen" in einer Reformdiskussion zeigt schließlich, dass die gesellschaftliche Akzeptanz neuer Lebensformen und damit neuer gesellschaftlicher Handlungsbereiche

---

[421] Oekinghaus, Emma, ebd., § 6. Wirkung der Veränderung de sozialen Zustände auf das Mundialprinzip und die rechtliche Stellung der deutschen Frau, S. 33 bis 43, S. 42

[422] Dörner, Heinrich, ebd., 2. Vom Rechtsverhältnis zur sittlichen Institution, g) Gesellschaftlicher Hintergrund, S. 90 bis 91, S. 90

[423] Oekinghaus, Emma, ebd., § 3. Die Entwicklung zur Kleinfamilie, S. 10 bis 18, S. 17

[424] Vgl. Abschnitt A., Ziffer III., Nr. 2, Buchstabe a) Pol. Bedeutung des Vereins; Abschnitt C., Ziffer II. Stellung des DjV in der bürgerlichen Frauenbewegung; sowie Abschnitt B., Ziffer I., Marianne Weber über die studierende Frau und die Verlautbarung der Studentin der Rechtswissenschaft; Bäumer, Gertrud, Die Frau in Volkswirtschaft und Staatsleben der Gegenwart in: Das Weltbild der Gegenwart, Fünfter Band, Stuttgart, Berlin, 1914, Die neuen Anschauungen, A. Die Frauenbewegung, I. Die geistigen Grundlagen, 3. Die Ideenbildung in der Frauenbewegung, 259 bis 271; II. Die Ziele, S. 271 bis 291

[425] Gerhard, Ute, Über die Anfänge der Deutschen Frauenbewegung, Bremen, 1980, 1. Die Frauenbewegung um 1848 als soziale Bewegung, S. 6 bis 17

[426] Gerhard, Ute, ebd., 2. Frauenbewegung als 'Basisprozeß', S. 17 bis 27

im Entstehen sind. Ein äußeres Zeichen dafür ist der Kampf um Rechtspositionen, der mit Argumenten über die Vorteile bereits bestehender und die Nachteile zukünftiger Rechtsregelungen ausgefochten zu werden pflegt. Beispielhaft sei in diesem Zusammenhang auf den im Nichtehelichenrecht eigens eingebrachten Gegenentwurf des Archivs Deutscher Berufsvormünder und des Deutschen Vereins für öffentliche und private Fürsorge aus dem Jahre 1928 aufmerksam gemacht. Ob die Verfechter der traditionellen Wertvorstellungen ihre wahren Absichten, d.h. die Verteidigung erlangter Rechtspositionen hinter einer gemeinwohlorientierten Argumentation verbergen oder nicht, ist zunächst zweitrangig und führt im hier angestrebten Beurteilungskontext auch nicht weiter. Wichtiger aus der Reformdiskussion ist die Erkenntnis, dass die Annahme, es würden sich im sozialen und wirtschaftlichen Wandel und damit bereits im Reformprozess gesellschaftliche Handlungsbereiche herausgeschält haben, nicht zutrifft. Denn die Reformdiskussion selbst, zeigt, dass die dem Recht zukommende Rolle der „Erwartungssicherung" zum Scheitern verurteilt ist, wenn frühere gesellschaftliche Veränderungen rechtlich unerfüllt und neue gesellschaftliche Handlungsbereiche noch nicht gesellschaftlich akzeptiert, d.h. ihre rechtliche Akzeptanz noch nicht gesichert ist, weil sie durch die von der Rechtsänderung Betroffenen tatsächlich verhindert wird und gleichzeitig traditionelle Handlungsbereiche weggebrochen sind. Dieses Wegbrechen traditioneller Handlungsbereiche hat Hugo Sinzheimer in der Weimarer Zeit in einer Besprechung einer Veröffentlichung und unter Bezugnahme auf Renner zu den Rechtsinstituten des Privatrechts und ihrer soziale Funktion aus dem Jahre 1929 zum Ausdruck gebracht: „Die gesellschaftliche Wirkung" der Norm „ändert sich" mit ihren „gesellschaftlichen Voraussetzungen [..] Diese Funktion des Rechtes ist nicht dem gesetzlichen Inhalt, sondern nur dem gesellschaftlichen Substrat zu entnehmen, auf das es Anwendung findet."[427] Dies lässt den Rückschluss zu, dass die rechtliche Funktion auch ihre Grenzen haben muß, damit „einer solchen „sozialen Wissenschaft vom Rechte"[428] Rechnung getragen werden kann. Dies ist insbesondere in der Reformdiskussion für das Ehe- und Familienrecht in der Frauenbewegung zu beobachten.

„Die Idee der Ehe"[429] sollte „nicht aus Gesetz und Konvention - sondern aus eigenstem innerstem Lebenskern" als „Wille zur Treue und Beständigkeit"[430] erwachsen und

---

[427] Sinzheimer, Hugo, ebd., Band I, Teil IV Biographische Würdigungen und Rezensionen, Zur Kritik des bürgerlichen Rechts (1930), S. 416 bis 422, I., S. 417
[428] Sinzheimer, Hugo, ebd., S. 417, 418
[429] Weber, Marianne, Die Idee der Ehe und die Ehescheidung, Frankfurt/Main 1929
[430] Weber, Marianne, ebd., V., S. 52 bis 61, S. 58

„nicht verhaftet an einer fixierten Satzung religiösen oder staatlichen Ursprungs"[431] sein, weshalb aus der Einsicht „Die Einzelnen sind heute hinsichtlich der Gestaltung ihres persönlichen Lebens eben stärker als die öffentlichen Gewalten"[432]; es einer rechtlichen Neuordnung"[433] bedurfte. Frau Dr. Emmy Rebstein-Metzger hat dies eindrucksvoll in ihrem Artikel in der Zeitschrift Die Frau im September 1928, auf den Seiten 723 bis 727 über „Ehewirklichkeit und Eherecht" zum Ausdruck gebracht.[434] Anschaulich provoziert Frau Dr. Emmy Rebstein-Metzger den Leser mit der Frage über die Berechtigung des Mannes zur Wiederherstellung der häuslichen Gemeinschaft oder gar der Nichtigkeit einer berufsbedingten einvernehmlichen Vereinbarung der Ehegatten über eine Kinderlosigkeit nachzudenken. Diese Fragestellungen münden bei Frau Dr. Emmy Rebstein-Metzger in die Worte „der Sicherung bestehender Lebenswirklichkeit" ein. Mit ihrer provokanten Fragestellung, die zwischen dem Jetzt der damaligen Ehewirklichkeit und der bestehenden Rechtslage des BGB von 1896 unterscheidet, hat aber nicht sie selbst dem Recht deutlich die Rolle der „Erwartungssicherung" zugeschrieben, sondern sie fordert den Leser dazu auf, dies zu tun. Sie hilft also dem Leser lediglich den Widerspruch zwischen Ehewirklichkeit und Eherecht zu erkennen. Im Anschluss daran muss der Leser konstatieren, dass nicht nur traditionelle Lebensformen und damit gesellschaftliche Handlungsbereiche weggebrochen sind, sondern dass die soziale Funktion des Rechts ihre Grenzen hat. Diese Grenze spiegelt sich in der damaligen Scheidungsrechtspraxis wieder.[435] Bereits vor den Reformbemühungen in der Weimarer Republik offenbaren sich Lücken in der „Erwartungssicherung" des Ehe- und Familienrechts. Sie lassen sich auch anhand der Rechtsprechung z.B. in RGZ 51, S. 182 bis 186 für die Herstellung der ehelichen Lebensgemeinschaft ablesen. Mittels Rückgriff auf die politischen Leitbilder des Instituts der Ehe in der Gesellschaft hat die Rechtsprechung unter Bezugnahme auf die Motive und die Rechtswissenschaft in der Auslegung eherechtliche Bestimmungen an die damaligen politischen Leitbilder mittelbar angeknüpft.[436] Beispielhaft sollen an dieser Stelle 4 Entscheidungen in ihrer Rechtsentscheidungsfindung skizziert werden. In der in § 1353 BGB von 1896 normierten Pflicht zur Herstellung der ehelichen Lebensgemeinschaft wurde der Inhalt der Verpflichtung „der rechtsschöpferischen Kraft des deut-

---

[431] Weber, Marianne, ebd., S. 60
[432] Weber, Marianne, VI., S. 62 bis 70, S. 67
[433] Weber, Marianne, ebd.
[434] Vgl. die Ausführungen in Abschnitt D., Ziffer II. Nr. 2, Buchstabe d)
[435] Nörr, Knut Wolfgang, ebd., S. 100
[436] RGZ 51, S. 182 bis 186, S. 185

schen Volkslebens und der Rechtsprechung überlassen." um damit „Leerformeln, wie das „Wesen der Ehe", die „natürliche Ordnung" oder „die christliche Auffassung" für „anders nicht haltbare, rational nicht zu rechtfertigende Privilegien des Mannes [..] festzuschreiben."[437] Letztendlich wurde damit auch Verhalten unter den Begriff „gemeinschaftlichen" in § 1353 BGB von 1896 subsumiert, der nur mittelbar das Wesen der Ehe berühren konnte, um eine patriarchalische Rechtswirkung aufrecht zu erhalten.[438] Auch bei der Beurteilung über die Zulässigkeit und Nichtigkeit von Ehevereinbarungen greift in der Weimarer Zeit das Reichsgericht[439] auf „eine auf sittlicher Grundlage beruhende Lebensgemeinschaft, die „über dem Willen der Eheleute"[440] steht, zurück, ohne auszuführen, was näherer Inhalt dieser Art von 'Sittlichkeit' in diesem Zusammenhang überhaupt ist. Es werden vielmehr nur die Bestimmungen der §§ 1354, 1356 und 1357 BGB von 1896 im gesellschaftlichen Kontext als der sozialen Wirklichkeit angemessen dargestellt. Diese Vorstellungen von 'Sittlichkeit' im Sinne eines staatlich verordnetem christlich-ethischem Ehebild zieht sich auch mittelbar sichtbar durch die Entscheidung des Reichsgerichts zu der Frage einer Herausgabe des Kindes von Seiten des Vaters bei Verweigerung der ehelichen Gemeinschaft durch die Mutter ab, indem die §§ 1354 und 1666 BGB von 1896 in einen Sinnzusammenhang gebracht werden. Voraussetzung für den Behalt der Mutter an dem Kind war nach Auffassung des Reichsgerichts zunächst die berechtigte Verweigerung der ehelichen Gemeinschaft, an die hohe Anforderungen gestellt wurden. Darüber hinaus musste die Herausgabeklage des Vaters dem gesetzlich zugeschriebenen Motiv der Sorge um das Wohl des Kindes entrückt, sich als unberechtigter Zwang auf die Mutter darstellen.[441] Die politische Flexibilität dieser Vorstellungen von 'Sittlichkeit' eröffneten sich in ihrer Gänze bei den Vorgaben aus den Motiven für eine richterliche Rechtsentscheidung über die Alimentationspflicht, der die Frage des Mehrverkehrs der Frau vorgeschaltet war. Ein Ausschluss der exceptio-plurium-Einrede wurde mit einer sich hieraus ergebenden Veranlassung für die Frau zu vermehrtem Geschlechtsverkehr zum Zwecke der wirtschaftlichen Besserstellung der

---

[437] Damm, Christiana, Die Stellung der Ehefrau und Mutter nach Urteilen des Reichsgerichts von 1879 bis 1914, Diss., Marburg, 1983, Erstes Kapitel, Die Stellung der Frau als Ehefrau, I Verpflichtung zur ehelichen Folge, 1) Klage auf Herstellung der ehelichen Lebensgemeinschaft nach bürgerlichem Recht - RGZ 51, 182, a) 1353 BGB, S. 18 bis 20, S. 19, 21

[438] Damm, Christiana, ebd., b) § 1354 BGB, S. 20 bis 26, S. 25

[439] RGZ 61, S. 50 bis 54, S. 53

[440] RG in JW 1905, S. 393 bis 394, S. 393

[441] Damm, Christiana, ebd., Zweites Kapitel, Die Stellung der Frau als eheliche Mutter, 5) Elterliche Gewalt der Mutter nach bürgerlichem Recht, wenn sie die Herstellung der ehelichen Gemeinschaft verweigert - RGZ 55, 419, c) Einwand des Rechtsmissbrauchs gegen Kindes-Herausgabeklage des Vaters, S. 135 bis 138; RGZ 55, 419 bis 422

daraus entstehenden Kinder verneint.[442] Diese im ersten Fall erkennbare Loslösung von der Kodifikation, in den anderen Fällen, erkennbaren Aktualisierung des Rechts im sozialpolitischen Kontext, in der Rechtspraxis und für die Rechtspraxis der damaligen Zeit, legt eine für den sozialen Wandel im Rechtsdenken charakteristischen Merkmale offen.

a) Unterschiede nach den 'Idealtypen'[443] des Rechts von Max Weber

Ausgehend von den bei Max Weber vorherrschenden Elementen menschlicher rechtlicher Tätigkeit, der Rechtssetzung und der Rechtsfindung[444] könnte die sozialpolitische Rechtssituation nach zwei seiner vier methodischen Grundkategorien wie folgt eingeordnet werden:

aa) Übergeordnete Kategorien der Rechtsfindung, z.B. Sittlichkeit

Nach Max Weber herrscht eine materiale Rationalität[445] vor, wenn der Rechtsschöpfer materiellen Grundsätzen folgt, die sich aus einem ethischen oder religiösen System ergeben. Die Grundsätze sind in einem mehr oder weniger stark ausgestaltetem Gesellschaftsideal eingebettet. Der Wortlaut der Motive ist ein deutlicher Hinweis auf den Versuch einer Fortschreibung bereits vergangener gesellschaftlicher Situationen und der damit verbundenen Rolle der Frau. Die Interpretation des Wortlauts gesetzlicher Bestimmungen lässt die Rolle der Familie im Kontext mit einem damit befürchteten Verlust christlich-ethischer Werte und sozialer Identität der Individuen zu.

bb) Die kodifizierten Rechtsbestimmungen des Ehe- und Familienrechts des BGB von 1896

Nach Max Weber herrscht eine formale Rationalität[446] vor, wenn Recht eine planmäßig einheitlich strukturierte Gestalt annimmt. Neben einer Kodifizierung sind oberste Rechtsgrundsätze ein besonderes Merkmal. Hierfür ist es selbstverständlich, dass Recht einer innerstaatlichen Normenhierarchie unterworfen ist. Sei es, dass diese

---

[442] Damm, Christiana, ebd., Drittes Kapitel, Die Stellung der Frau als uneheliche Mutter, 4) Zulässigkeit der Einrede des Mehrverkehrs im Unterhaltsprozess - RGZ 40, 179, b) Zeitgenössische Auseinandersetzung um die Festellung der wirklichen Vaterschaft als Voraussetzung der Alimentationspflicht, S. 177 bis 183, S. 180;RGZ 40, S. 179 bis 182

[443] als solche bezeichnet von Max Rheinstein, Einführung in die Rechtsvergleichung, 2. Auflage, München, 1987, S. 163

[444] Max Weber, Wirtschaft und Gesellschaft, Grundriss der verstehenden Soziologie, 5. Auflage besorgt von Johannes Winckelmann, 1976, Tübingen, Zweiter Halbband, Kapitel VII. § 2, S. 397, § 4 und § 5, S. 456 bis S. 482

[445] Max Weber, ebd., § 5, S. 468 bis 470

[446] Max Weber, ebd., § 5, S. 471

Hierarchie in einer Verfassungsbestimmung oder in einem Programmsatz, wie z.B. Art. 119 oder 121 WRV, zum Ausdruck kommt.

b) Fazit für Rechtswirklichkeit und Rechtspraxis der Weimarer Republik

Ein Fazit aus dem theoretischen Ansatz vermag sich jedoch nur eröffnen, wenn man beides, die Bestimmungen zum Ehe- und Familienrecht des BGB von 1896 und seine rechtspolitischen Interpretationen, z.b. das Bild der 'Sittlichkeit' nach den von Max Weber gewählten 'Idealtypen' betrachtet. Materiale Rationalität ist nicht in Reinkultur, sondern wegen einer Kodifizierung in Mischform anzutreffen. Das Bild der 'Sittlichkeit' im Verständnis des Ehe- und Familienrechts der Weimarer Zeit ist zwar eine in der Gesellschaft anerkannte Wertvorstellung, aber keine kodifizierte Norm. Sein Bild zeichnet sich dadurch aus, dass es für sich betrachtet, weder kraft besonderer Autorität, noch mittels einer Sanktion oder eines Zwangsmittels innerstaatlich durchgesetzt werden kann. Also wirkt dieses Bild kraft seiner rechtspolitischen Überzeugungskraft in das Recht hinein. Das Bild der 'Sittlichkeit' hat damit den Charakter einer Moralnorm. Die Beziehung zwischen der Moralnorm, dem Programmsatz der Art. 119, 120 WRV und dem Ehe- und Familienrecht des BGB von 1896 besteht darin, dass das Recht auf die Durchsetzung der Moralnorm in der Entscheidungsfindung, sei es eine wissenschaftliche oder eine richterliche, orientiert wird. Die Moralnorm 'Sittlichkeit' vermag sich so im Rechtsentscheidungsprozess und damit in der sozialen Wirklichkeit zur Erhaltung einer moralischen Einheit als die das ganze Volk bestimmende Prinzipienordnung durchsetzen. Dies gipfelte insbesondere in der Weimarer Republik in einer häufig anzutreffenden Bezugnahme auf „Volksleben [..] Volksgeist" etc., die in ihrer Nebulösität das Versagen herkömmlicher politischer Leitbilder im sozialen und wirtschaftlichen Wandlungsprozess offen legten. Gleichsam aber ein rechtspolitisch gewolltes flexibles Interpretationsbild halten wollten und damit zunächst über die gesellschaftliche Akzeptanz herkömmlicher politischer Leitbilder die soziale ursprüngliche Funktion des Rechts weiterhin suggerieren konnten. Auch wenn die Art. 119, 121 WRV einen Auftrag zur rechtlichen Umsetzung der Gleichbehandlung von Frau und Mann festschrieben, so wird auf den ersten Blick zwischen Recht und Moral differenziert. Diese Differenzierung wird aber aufgehoben, wenn die Rechtssituation die Bewahrung alter christlich-ethischer Wertvorstellungen und der traditionellen 'Sittlichkeit' verlangt. Diese Werte haben ihrerseits ihre Grundlage nicht in klaren Rechtsge- und verboten, sondern ergeben sich aus einem alten, ehemals historisch gewachsenen gesellschaftlichen Prozess, der bereits in einem weiteren Wandel begriffen ist. Ein

Rechtsdenken in den Grundzügen materialer Rationalität dient in Zeiten des sozialen Wandels dazu, dem Reformprozess gegenläufige traditionelle Werte indirekt über den Katalysator der Rechtsauslegung gesellschaftlich zu legitimieren, womit gleichsam erste erfolgreiche Versuche in der Weimarer Republik unternommen wurden, Grenzen der Auslegung des Rechts zu überwinden, um damit soziale Funktionen des Rechts in den Dienst des politischen Kalküls zu stellen.

3. Fazit zu Punkt 1. und 2.

Wenn nun das Recht einen Ausgleich zwischen gesellschaftlichen Handlungsbereichen im Reformprozess noch nicht vornehmen kann, welche anderen Akzente müssen dann in der Rechtspolitik gesetzt werden und welchen Beitrag hat hierzu der Deutsche Juristinnenverein in der Reformdiskussion im Ehe- und Familienrecht geleistet ?

II. Die Gleichheit der Geschlechter als Programm oder als Verfassungsauftrag - kritisch betrachtet-

Eine Antwort auf diese Frage muss mit Überlegungen beginnen, wie die Mitglieder des Deutschen Juristinnenvereins an die mit ihren Vorschlägen verbundenen Rechtsfragen herangegangen sind. Alle Initiativen der Mitglieder des Deutschen Juristinnenvereins waren von der wichtigen Vorstellung der Gleichbehandlung der Frau und der nichtehelichen Kinder geprägt.[447] Dieser Gedanke mündet in Vorschläge über eine einer selbständigen Rechtspersönlichkeit Rechnung tragenden Rechtspraxis ein. Interessant ist, dass Frau Dr. Marie Munk, Frau Dr. Margarete Berent, Frau Dr. Emmy Rebstein-Metzger nie so ganz ausführlich ihre Vorschläge in der Reformdiskussion mit Ausführungen über die inhaltliche Ausgestaltung des Gleichbehandlungsgrundsatzes begonnen haben, sondern lediglich unter Hinweis auf den Verfassungsauftrag der WRV sogleich auf eine Beurteilung der Rechtssituation und der damit verbundenen Rechtsfragen zugesteuert sind. Ihre Ausführungen haben damit vorrangig an den fachgesetzlichen Bestimmungen des Ehe- und Familienrechts angesetzt. Dieser Umgang mit den Bestimmungen der Weimarer Reichsverfassung hat einen interessanten Aspekt der „Erwartungssicherung" verfassungsrechtlicher oder programmatischer Grundsatzbestimmungen offen gelegt. Zunächst ist, wie unter Ziffer I Nr. 2 in diesem Abschnitt bereits ausgeführt, der Gleichbehandlungsgrundsatzes als Programm oder in seiner verfassungsrechtlichen Gewährleistung in seiner Verwirklichung nicht auf rein

---

[447] Vgl. Abschnitt D., Ziffer II., Nr. 1, Buchstabe a), aa); Buchstabe c), aa); Ziffer IV., Nr. 7. Buchstabe a) an diesen Stellen wird es besonders deutlich

rechtliche Steuerungsinstrumentarien beschränkt. Hervorzuheben aus dem Umgang mit den Bestimmungen der WRV durch die Mitglieder des Deutschen Juristinnenvereins ist jetzt, dass der Gleichbehandlungsgrundsatz in seiner verfassungsrechtlichen Verankerung und in der damit einhergehenden Dominanz eine abfedernde Begleitung des wirtschaftlichen und sozialen Wandels einer Gesellschaft erst ermöglichen soll. Zweite Schlussfolgerung aus dem Umgang der Mitglieder des Deutschen Juristinnenvereins mit den Bestimmungen der WRV bleibt jedoch auch, dass nicht gegen ihn, sondern seiner rechtlichen Verankerung willen, dem Gleichbehandlungsgrundsatz der Einwand gegenübergestellt werden kann, dass er als Feststellung von prinzipieller Bedeutung zwar nicht bewiesen werden muß, aber auch lediglich den Status-quo der gesellschaftlichen Wirklichkeit beschreibt und deshalb letztendlich nicht als gesellschaftliche Handlungsanleitung dienen kann. Die Mitglieder des Deutschen Juristinnenvereins favorisieren damit als Gegenpol zu einer im damaligen sozialen Wandel vorherrschenden materialen Rationalität in der Rechtspraxis, in ihren Vorschlägen, eine von den Individuen selbstgestaltete formale Rationalität. Sie wenden sich damit indirekt gegen ein Konzept übergeordneter Programmatik, welche mehr die Verteilung vorhandener Ressourcen beinhaltet, als die Neuverteilung von Ressourcen und Macht. Fazit der Vorschläge der Mitglieder des Deutschen Juristinnenvereins ist: was einen Reformprozess wirklich voran bringt, sind Macht und Ohnmacht der gesellschaftlichen Individuen als entscheidende Determinanten stetig verlaufender wirtschaftlicher und sozialer Veränderungen. Ein Rechtskonzept muß sich im Sinne einer konstruktiven Begleitung des Wandlungsprozesses den rechtlichen und damit einhergehenden sozialen Bedingungen von Macht und Ohnmacht widmen. Führt man sich die Motive der ehe- und familienrechtlichen Stellung der Frau in der Weimarer Zeit anhand der Rechtsstellung nach den Bestimmungen des BGB von 1896, die verschiedenen Auffassungen über die Reformbestrebungen und schließlich das „Wie" der rechtlichen Implementation in das bundesdeutsche Recht nach 1949 vor Augen, so wird dieser Gedanke bestätigt. Rechtspolitische Überlegungen für das Ehe- und Familienrecht müssen also einen Ausgleich zwischen Macht und Ohnmacht des Mannes und *d e r F r a u* erreichen, um die Bildung sich neu herauskristallisierender sozialer Integrität zu fördern.

III. Macht und Ohnmacht der Individuen als Grundprinzip E I G E N - Macht

Zunächst ist zu klären, was Ohnmacht und was Macht beinhalten können.

Macht im Zusammenhang mit den gesellschaftlichen Bedingungen, die an die Zeiten der Familienwirtschaft anknüpften, wurde als Ausdruck des Patriarchalismus, gesichert durch positives Recht, mit dem Rechtsbegriff „Munt" definiert.[448] Inhaber, dieses seinem Verständnis nach verwandten Rechtsbegriffs und Motiv seines Rechtsinteresses, der *Gewalt*,[449] war der „Selbmündige"[450], in dessen Hand sich „öffentliche, privatrechtliche und sakrale Gewalt"[451] vereinten, so dass im Rahmen der Muntausübung eine Steuerung der „sozialen Gesamtentwicklung"[452] einherging. Seine Wirkung erfährt jedoch durch die Scheidung in Unfreie und Halbfreie eine Lockerung der Gewalt und damit der Macht, die als „Widerspruch"[453] zum Rechtskonzept des Munt begriffen wurde.[454] Mittel des Munt setzt jedoch „die Fügsamkeit der Unterworfenen unter Normen, die auf Traditionen beruhten."[455] voraus. Indem in einer Klageerhebung vor dem Reichsgericht ein Widerstand gegen die in der Munt zum Ausdruck gebrachten „Väterlichkeit" der Tradition zum Ausdruck gebracht wurde, steuerte die Rechtsprechung entschieden gegen diese Entwicklung; ggf. wie sie es nur mit den Mitteln der materialen Rationalität vermochte, um der Geschlossenheit der Familie und ihrer Bedeutung mittels des Rechts zum Ausdruck zu verhelfen. Fazit war, dass nach dem Verständnis von Oekinghaus, beispielhaft für jene Zeit, „Der Konflikt zwischen der Frau und den bestehenden Normen [..] nur zu lösen" ist „dadurch, dass die Frau entweder die Sachlichkeit und Allgemeingültigkeit der Normen angreift, oder sich ihnen anpasst, d.h. die Normen zu „verweiblichen"oder sich selber zu „vermännlichen" versucht und auch in diesem letzten Falle eine Norm, die Norm ihrer selbst, angreift. In jedem Falle handelt es sich um den Angriff gegen die soziale Regelung ihrer Stellung zum Manne und diese findet eine Stütze an der herrschenden Meinung über das Wesen der Frau. Um diesen Kernpunkt dreht sich alles. Indem die Normen von Männern geschaffen wurden, bestimmte das Herrschaftsverhältnis zwischen Mann

---

[448] Oekinghaus, Emma, ebd., Kapitel I: Die historisch-soziologischen Grundlagen der gesellschaftlichen und rechtlichen Stellung der deutschen Frau, § 2. Der Patriarchalismus, a) Herleitung des Patriarchalismus aus den sozialen Zuständen, b) Das Wesen des Patriarchalismus, S. 1 bis 10, S. 2 bis 4
[449] Oekinghaus, Emma, ebd., S. 3, 7
[450] Oekinghaus, Emma, ebd., S. 5
[451] Oekinghaus, Emma, ebd.
[452] Oekinghaus, Emma, ebd., S. 6
[453] Oekinghaus, Emma, ebd.,
[454] Oekinghaus, Emma, ebd., S. 7
[455] Oekinghaus, Emma, ebd., S. 8

und Frau, das in der Munt ältester Zeit seinen krassesten Ausdruck fand, den Inhalt der für die Frau gültigen Normen, auch die Norm für die Frau selber."[456] Diesem konflikt-behafteten Normenverhältnis von Mann und Frau wird nach dem damaligen Verständnis eine auf der Basis des Naturrechts geborene Revolte der Frauenbewegung gegen das überkommene Normengefüge entgegen gesetzt.[457] Sie mündet ein in eine von Eigenverantwortlichkeit getragenes „Denken und Handeln"[458] und in einen „Entwicklungsprozeß der Kultur".[459] Der Wandel von einem Mundialverhältnis in ein Kontraktverhältnis „lassen nur die Verhältnisse derjenigen Personen unberührt, die aus natürlichen oder sozialen Ursachen sich einem Herrschaftsverhältnis nicht entziehen können."[460] Die Verfasserin ist jedoch der Auffassung, dass die Forderungen der Mitglieder des Deutschen Juristinnenvereins entschieden weiter gehen, das heißt umfassender, deutlicher sind. Führt man sich die rechtlichen Vorschläge der Mitglieder des Deutschen Juristinnenvereins, insbesondere bezüglich der Stellung der Frau im Ehe- und Ehegüterrecht, das Verhältnis der Geschlechter z.B. im Fall der Scheidung, die rechtliche Stellung des nichtehelichen Kindes zum leiblichen Vater und zur leiblichen Mutter noch einmal vor Augen, so wird deutlich, dass das Hauptaugenmerk der Forderungen der Mitglieder des Deutschen Juristinnenvereins nicht ausschließlich auf einer Neuverteilung vorhandener Ressourcen, also z.B. des ehelichen Vermögens, der Teilhabe an Erbansprüchen des nichtehelichen Kindes oder der Teilhabe der Frau an der gesetzlichen Vertretung des Kindes und damit der Sicherung von Ansprüchen und ihrer instanzenrechtlichen Durchsetzung lag. Sondern, diesen Vorschlägen das Grundprinzip der rechtlichen Selbstentfaltung und -gestaltung menschlicher Individuen zugrunde lag. Ziel dieses Grundprinzips sollte es sein, dass das Individuum gleichsam seiner eigenen sozialen, wirtschaftlichen und rechtlichen Situation m ä c h t i g sein kann. Also verfolgte das Rechtskonzept der Mitglieder des Deutschen Juristinnenvereins neben der Neuverteilung von Macht, E I G E N - Macht. Dies kommt neben den vielfach vorzufindenden Vorschlägen zum Abschluss ehe-, güter- und sorgerechtlicher Vereinbarungen, eingebettet in die Zielstellung der Regelungsbereiche, Rechte und Pflichten der Partner zu stärken, zum Ausdruck. Als Beispiel sei hier

---

[456] Oekinghaus, Emma, ebd., § 4. Wirkung der Umbildung der Familie auf die Stellung der Frau, S. 18 bis 27, S. 25
[457] Oekinghaus, Emma, ebd., § 5. Einwirkung naturrechtlicher Ideen auf die Stellung der Frau: die Frauenbewegung, S. 27 bis 33, S. 27 bis 29
[458] Oekinghaus, Emma, ebd., S. 28
[459] Oekinghaus, Emma, ebd., S. 31
[460] Oekinghaus, Emma, ebd., § 6. Wirkung der Veränderung der sozialen Zustände auf das Mundialprinzip und die rechtliche Stellung der deutschen Frau, S. 33 bis 43, S. 35

besonders die Kritik von Frau Dr. Marie Munk gegenüber Dr. Dronke hervorgehoben, indem auch mittelbar das in den Ausführungen von Dr. Dronke erkennbare Mundialprinzip kritisiert wird. Frau Dr. Munk stellt fest, dass Dr. Dronke mehr die Ausübung der elterlichen Gewalt, als die Interessen des Kindes favorisiert.[461] Indem mit diesem Gedanken Interessen des Kindes bejaht werden, geht auf der Seite der Eltern elterliche Gewalt und damit Macht verloren und wird auf der Seite des Kindes, über das Interesse am Kindeswohl, Selbstgestaltung und damit auch Macht des Kindes sowie Verantwortung der Eltern gewonnen. Die allumfassenden Aufklärungskampagnen des Bundes Deutscher Frauenvereine unter Beteiligung der Mitglieder des deutschen Juristinnenvereins und die Unterstützung eines sachlichen Diskussionsverlaufs (vgl. Abschnitt D., Ziffer II., Nr. 1., Buchstabe a), dd)) sind Indiz dafür, dass Macht nicht allein mit Mitteln, sondern mit Verantwortung identifiziert und damit erst dann zur E I G E N - Macht wird. Das bei den Mitgliedern des Deutschen Juristinnenvereins in den Diskussionsverlautbarungen vorzufindende Rechtskonzept, seiner eigenen sozialen, wirtschaftlichen und rechtlichen Situation m ä c h t i g zu sein, verschließt sich aber einem „aus natürlichen oder sozialen Ursachen [entspringenden] Herrschaftsverhältnis"[462] bei einem Wandel vom Mundialverhältnis zum Kontraktverhältnis. Der Grund liegt in einer mit dem Rechtskonzept der Mitglieder des Deutschen Juristinnenvereins bezweckten Veränderung des (Geschlechter-) V E R H Ä L T N I S S E S an sich.

1. Das Grundprinzip der E I G E N -Macht und das Geschlechterverhältnis

Georg Simmel hat in seiner Veröffentlichung über die Philosophie der Geschlechter in der Weimarer Zeit das Geschlechterverhältnis folgendermaßen charakterisiert: „Drückt man das geschichtliche Verhältnis der Geschlechter einmal kraß als das des Herrn und des Sklaven aus, so gehört es zu den Privilegien des Herrn, dass er nicht immer daran zu denken braucht, dass er Herr ist, während die Position des Sklaven dafür sorgt, dass er seine Position nie vergißt. Es ist gar nicht zu verkennen, dass die Frau außerordentlich viel seltener ihr Frau-Sein aus dem Bewußtsein verliert als der Mann sein Mann-Sein. Unzählige Male scheint der Mann rein Sachliches zu denken, ohne dass seine Männlichkeit gleichzeitig irgendeinen Platz in seiner Empfindung einnähme; dagegen scheint es, als würde die Frau niemals von einem deutlicheren oder dunkleren Gefühle, dass sie Frau ist, verlassen; dieses bildet den niemals ganz verschwindenden Unter-

---

[461] Vgl. Abschnitt D., Ziffer IV., Nr. 7. Buchstabe c)
[462] s. Fußnote 461

grund, auf dem alle Inhalte ihres Lebens sich abspielen."[463] Vertragliche Vereinbarungen und die Stärkung von Eigenverantwortlichkeit sind das in den Forderungen der Mitglieder des Deutschen Juristinnenvereins zu erblickende, für jene Zeit als neu zu bezeichnende Rechtskonzept der E I G E N - Macht. E I G E N - Macht verändert aber das Verhältnis der Individuen, als es sie mächtig macht auf natürliche oder soziale Ursachen steuernd einzugreifen; „an die Stelle der herrschenden (patriarchalischen) Gemeinschaft" schließt sich „die genossenschaftliche (fraterale)"[464] an. Gleichsam wird hiermit der Sinzheimer'sche „Wille zur Rechtsgestaltung"[465] in der Form „so wichtig wie das Recht, das ist, ist das Recht, das wird."[466], auf das Individuum übertragen. Damit verschiebt sich die bei Simmel zum Ausdruck gebrachte rechtliche und gesellschaftliche Geschlechtersituation. Die Reduzierung staatlicher Eingriffsmöglichkeit auf besondere Situationen, zum Beispiel die Fälle der Nichteinigung der Ehepartner oder den Tod des Rechtsinhabers, letztendlich auch die Trennung von Scheidungsgründen und elterlicher Gewalt, die Gütertrennung mit Zugewinngemeinschaft nebst einem Beitrag beider Ehegatten zum ehelichen Lebensunterhalt sind rechtlich gewollte und damit gesellschaftliche Eigenverantwortung. Damit wird gleichsam zusätzlich an bisher von staatlicher Seite rechtlich ausgefüllten Schnittstellen eine Dezentralisation von staatlichem Recht und damit auch Machtverlust sichtbar. Wenn sich also mit diesem Rechtskonzept aber das Verhältnis der Individuen, d.h. ihre E I G E N - Macht und ihre Macht z u e i n a n d e r grundlegend innerhalb des kleinsten sozialen Verbandes, der Familie, verändert, muß und hat dies auch langfristig Wirkungen auf das Verhältnis des Individuums zum Staat.

2. Grundprinzip der E I G E N - Macht versus Pluralismustheorien

Setzt man nun die einzelnen Pluralismustheorien über das Verhältnis von Staat und Individuum in Bezug zu dem Rechtskonzept der Mitglieder des Deutschen Juristinnenvereins, so kann festgehalten werden: Für den wirtschaftlichen und sozialen Wandel ist das System von Bewegungen sozialer Gruppen nach Gumplowicz[467] Ausdruck eines Prozesses der Neuverteilung von Macht. Zieht sich der Staat aus

---

[463] Simmel, Georg, Zur Philosophie der Geschlechter in: Philosophische Kultur -Über das Abenteuer, die Geschlechter und die Krise der Moderne- Gesammelte Essais, Berlin, 1983, S. 52 bis 81, S. 53
[464] Oekinghaus, Emma, ebd., Kapitel III: Die rechtliche Stellung der deutschen Frau, C. Die privatrechtliche Stellung der deutschen Frau, § 29. Entwicklungstendenzen des heutigen Eherechts, S. 176 bis 177, S. 177
[465] Sinzheimer, Hugo, ebd., Bd. 2, Teil V Zur Rechtssoziologie und Rechtstheorie, Der Wille zur Rechtsgestaltung (1914), S. 24 bis 32
[466] Sinzheimer, Hugo, ebd., S. 25
[467] Vgl. die Ausführungen zu Abschnitt A., Ziffer II., Nr. 2. Buchstabe a)

seinen bisherigen rechtlichen Eingriffsmöglichkeiten zurück und gibt damit Macht preis, so kann auf lange Sicht weder ein patriarchalisches Herrschaftsverhältnis nach Ratzenhofer[468], geschweige denn ein Begriff nach Politischen bei Carl Schmitt[469] konstatiert werden. Ein Rechtskonzept, welches neben der Neuverteilung von Macht auch die Stärkung der Eigenverantwortlichkeit favorisiert, kann nur in der Zielrichtung, nahe der von Otto von Gierke entwickelten organischen Theorie[470] Früchte tragen. Also letztendlich in einer im Verständnis einer Rechtskultur von „Gemeinbewußtsein" getragenen Rechtswirklichkeit. Der Frage, ob und wie das von den Mitgliedern des Deutschen Juristinnenvereins getragene Rechtskonzept der E I G E N - Macht den Bestrebungen der am Ende der Weimarer Republik bereits erkennbaren nationalsozialistischen Politik im Wege stand, genauer betrachtet, gefährlich hätte werden können, vermag an dieser Stelle wegen der Themenbegrenzung nicht erörtert zu werden.

Wenn nun aber eine Über- und Unterordnung, es sei denn, sie sei kraft Rechtskonzept aus E I G E N - Macht gewollt, nicht existieren soll, könnte unter den Vorzeichen gemeinsamer Eigenverantwortung sowohl im kleinsten sozialen Verband, als auch im Gemeinwesen und damit im Bereich der politischen Partizipation diese veränderte Geschlechtersituation auch auf den Forschungsansatz ihre Auswirkungen zeitigen.

IV. Einige Anregungen für das Feld der Geschlechterforschung

Im Forschungsfeld der politischen Partizipation gilt das gesellschaftliche Phänomen der Wechselbeziehung zwischen Individuum, Gesellschaft und Staat, dem Verein- oder Verband in der Sozialwissenschaft als hinreichend behandelt und erforscht.[471] Die Rechtswissenschaft konzentrierte sich u.a. auf die Fragen der Rechtskontrollen der Beteiligung an staatlichen Entscheidungen, die innerverbandliche Willensbildung und öffentliche Verbandsfunktionen in Zeiten nach 1949.[472] Für die Zeit vor 1949 liegen einige wenige Veröffentlichungen über Probleme der Rechtsfähigkeit, der rechtlichen Natur sowie der rechtlichen Stellung der Verbände im privaten und öffentlichen Rechtskreis vor.[473] Hinsichtlich ihrer Einflussnahme auf die gesellschaftliche Entwick-

---

[468] Vgl. die Ausführungen zu Abschnitt A., Ziffer II. Nr. 2. Buchstabe b)
[469] Vgl. die Ausführungen zu Abschnitt A., Ziffer II. Nr. 2. Buchstabe d)
[470] Vgl. die Ausführungen zu Abschnitt A. Ziffer II., Nr. 2. Buchstabe c)
[471] Tudyka, Kurt P. und Juliane, Verbände -Geschichte, Theorie, Funktion-, Frankfurt a.M., 1973
[472] Teubner, Gunther, Organisationsdemokratie und Verbandsverfassung, Tübingen, 1978, Erstes Kapitel, Verbandsmacht als Rechtsproblem, S. 1 bis 5, S. 4
[473] Tudyka, Kurt P. und Juliane, ebd., S. 112 bis 117

lung jedoch nur über Wirtschaftsverbände[474], Gewerkschaften[475] und politische Parteien[476] und ihrer Beziehungen zum Parlament. Ausführungen über die Berufsverbände finden sich nur in ihrer Stellung als Tarifpartner[477] oder soweit es sich um Berufsverbände des Anwaltsberufs handelt, liegen aus der Weimarer Zeit nur amerikanische Veröffentlichungen über die Bar Association[478] vor. Der Zusammenhang „des Verhältnisses von 'Staat' und „sozialem Differenzierungsmerkmal" 'Geschlecht'"[479], vorwiegend als Individuum, findet erst ab „Mitte der achtziger Jahre"[480] in den Sozialwissenschaften und den übrigen Geisteswissenschaften Beachtung. Von Seiten der Rechtsgeschichte wurde „die Rekonstruktion der Geschichte der Frauen [..] mit dem Ziel einer Rechtskritik am patriarchalischem Recht" als auch „die historische Erinnerung an die Rechtskämpfe von Frauen um das Recht"[481] gefordert, mit dem Ziel „Recht" als „Hebel zur Verbesserung der Frauensituation."[482] einzusetzen. Das Forschungsfeld Rechtsverhältnis 'Staat und Geschlecht' oder 'Staat und Frau' ist derzeit durch eine Vielzahl von Einzelveröffentlichungen charakterisiert, die sich vorrangig um die kritische Betrachtung der Verwirklichung des verfassungsrechtlich verankerten Gleichberechtigungsgrundsatzes des GG im Recht bemühen; jedoch rechtstheoretische und rechtssoziologische Forschungsansätze weitestgehend missen lassen, weil sogenannte „Feministische Ansätze in der Rechtswissenschaft" noch allzu neu sind, als dass von hinreichenden Ergebnissen und schon gar nicht von Auswirkungen aus Ergebnissen im wissenschaftlichen Sinne konstatiert werden kann.[483] Geschweige denn liegen rechtshistorische Betrachtungen über die Einflussnahme von feministischen Interessenvereinen oder -verbänden oder ihrer Mitglieder auf die Rechtsentwicklung vor. Gerade sie wären jedoch Grundbedingung einer umfassenden Rezeption nicht nur für die Zeit vor 1933, sondern ebenso hinsichtlich ihres wissenschaftstheoretischen und rechtshistorischen Einflusses auf die ihr nachfolgende Rechts- und damit Gesellschaftsentwicklung. Auch unter Berücksichtigung der

---

[474] Tudyka, Kurt P. und Juliane, ebd., S. 117 bis 131
[475] Tudyka, Kurt P. und Juliane, ebd., S. 72 bis 74
[476] Tudyka, Kurt P. und Juliane, ebd., S. 117 bis 131
[477] Tudyka, Kurt P. und Juliane, ebd., S. 134 bis 139
[478] Tudyka, Kurt P. und Juliane, ebd. S. 55 bis 57
[479] Seemann, Birgit, Feministische Staatstheorie -Der Staat in der deutschen Frauen- und Patriarchatsforschung-, Opladen, 1996, Kapitel I: Einführung: 'Staat' und 'Geschlecht', 2. Problemstellung, Forschungsstand, Erkenntnisinteresse,, S. 17 bis 22, S. 17
[480] Seemann, Birgit, ebd.
[481] Gerhard, Ute, Über die Anfänge der Deutschen Frauenbewegung, Bremen, 1980, 3. Thesen zum Studium der Geschichte der Frauenbewegung, S. 27 bis 31, S. 31
[482] Gerhard, Ute, ebd.
[483] Susanne Baer, Feministische Ansätze in der Rechtswissenschaft in: Rust, Ursula (Hrsg.), Juristinnen an den Hochschulen -Frauenrecht in Lehre und Forschung, Baden-Baden, 1997, S. 153 bis 181

Aufarbeitung bedeutender Persönlichkeiten jener Zeit. Es bliebe sonst die sozialwissenschaftliche und geschichtliche Erforschung bruchstückhaft. Auffallend ist der Verfasserin bei den ihr zugänglichen und vorliegenden Forschungsansätzen der Ausgangspunkt der Forschung. Er drückt sich bereits unmittelbar in der Wortwahl als „Verhältnisforschung" aus. Mittelbar im Forschungsansatz mit seinen Auswirkungen auf die Zielrichtung. Für dieses 'Verhältnis' bleibt seine Struktur, dass organisatorisch seine Funktionen und Formen von Seiten des Staates auf die Individuen, die sich von oben nach unten durchsetzen, charakteristisch.[484] Daraus folgernd ist zwangsläufig eine ausschließlich „feministische[n] Erweiterung des Gegenstandes der Rechtswissenschaft"[485] nur in einem dogmatischen Verständnis der Rechtsstruktur als Macht, d.h. Machtinstrument[486] und nicht in seiner Form als E I G E N-Macht begrüßenswert. Schon bereits in der Weimarer Zeit erkannten kritische Frauen das hiermit verknüpfte Problem: „Das die Frau a n s i c h ist, steht meist nicht zur Erörterung. „Fast alle Erörterungen über die Frauen stellen nur dar, was sie in ihrem - realen, ideellen, wertmäßigen - Verhältnis zum Manne sind; keine fragt, was sie für sich sind; freilich begreifbar genug, weil die männlichen Normierungen eben nicht als spezifisch männliche, sondern als das Objektive und schlechthin allgemein Gültige gelten."[487] Ein Aufbrechen dieses Verhältnis-Ansatzes, ein Darüberhinauswachsen vermag dieses als patriarchalisch Objektive und schlechthin allgemein Gültige nicht nur zu überwinden, wenn auch dem 'Herrn' die Chance gegeben wird seine rechtliche und gesellschaftliche Herrschaftsrolle abzulegen. Das erfordert eine Loslösung von und aus dem 'Verhältnis' und damit der 'Verhältnis'-Betrachtung. Die Forschung braucht daher in Anlehnung an das Rechtskonzept der Mitglieder des Deutschen Juristinnenvereins einen wahrhaft emanzipatorisch-demokratischen Ansatz unter Einbezug beider Geschlechter, auch um dem oben beschriebenen konfliktbehafteten Normen - v e r h ä l t n i s zwischen Mann und Frau entgegen zu treten, mit dem Ziel, um Herrschaft als aus natürlicher oder sozialer Ursache gesellschaftlich und rechtlich, gegen aus

---

[484] Seemann, Birgit, ebd., Kapitel VI: Gesamtausblick: Perspektiven für ein Forschungsprogramm zur Konzeptualisierung feministischer Staatstheorien, S. 221 bis 225, S. 224 mit Hinweis auf Claudia von Werlhofs These
[485] Baer, Susanne, ebd., S. 162
[486] Baer, Susanne, ebd., S. 160
[487] Oekinghaus, Emma, ebd., Kapitel I: Die historisch-soziologischen Grundlagen der gesellschaftlichen und rechtlichen Stellung der deutschen Frau, § 4. Wirkung der Umbildung der Familie auf die Stellung der Frau, S. 18 bis 27, S. 26

Verantwortung geborener E I G E N - Macht eintauschen zu können. Hierzu haben die Mitglieder des Deutschen Juristinnenvereins Anregung gegeben und hierzu hat die Rechtswissenschaft ihren eigenen, aber auch interdisziplinären Beitrag zu leisten, damit Recht auf der Grundlage seiner rechtshistorischen Aufarbeitung zu einem Hebel der künftigen Verbesserung der rechtlichen und gesellschaftlichen Situation der Frauen und Männer wird.

Literaturverzeichnis

Altmann-Gottheiner, Elisabeth (Hrsg.)   Jahrbuch des Bundes Deutscher
                                        Frauenvereine, Mannheim,
                                        Leipzig, Berlin
                                        1917, 1918, 1919, 1920, 1921

Albrecht, Carsten   Das Spannungsverhältnis
                                        zwischen dem privaten und
                                        öffentlichen Vereinsrecht in der
                                        Vergangenheit und Gegenwart
                                        dargestellt am Erwerb der
                                        Rechtsfähigkeit, München,1989

Baer, Susanne   Feministische Ansätze in der
                                        Rechtswissenschaft in:
                                        Rust, Ursula (Hrsg.),
                                        Juristinnen an den Hochschulen
                                        -Frauenrecht in Lehre und
                                        Forschung, Baden Baden, 1997
                                        S. 153 bis 181

Bäumer, Gertrud   Das Weltbild der Gegenwart
                                        Fünfter Band / Die Frau in
                                        Volkswirtschaft und Staatsleben
                                        der Gegenwart
                                        Stuttgart und Berlin, 1914

Bäumer, Gertrud   Das Reichsgesetz für
Hartmann   Jugendwohlfahrt
Becker   Berlin, 1923

Bäumer, Gertrud   „Die Akademikerin und die
                                        Volkskultur" in Die Frau,
                                        33. Jahrgang, Heft 9, Juni 1926,
                                        S. 513 bis 517

Beavan, Doris   „Wir wollen unser Teil
Faber, Brigitte   fordern..." Interessenvertretung
                                        und Organsiationsformen der
                                        bürgerlichen und proletarischen
                                        Frauenbewegung im deutschen
                                        Kaiserreich, Köln, 1987

Becker, Liane   Die Frauenbewegung.
                                        Bedeutung, Probleme,
                                        Organisation, München, 1910

Berent, Margarete
Die Zugewinnstgemeinschaft der Ehegatten, Diss. Breslau, 1. Teil 1914, Gesamtausgabe des Verlages 1915

Berent, Margarete
„Die Reform des ehelichen Güterrechts auf dem 33. Deutschen Juristentag" in Die Frau, 32, Jahrgang, Heft 1, Oktober 1924, S. 15 bis 16

Berent, Margarete
„Die Neugestaltung des Familienrechts" in Die Frau, 38. Jahrgang, Heft 12, September 1931, S. 725 bis 730

Bernays, Marie
Die deutsche Frauenbewegung, Leipzig und Berlin, 1920

Berneike, Christiane
Die Frauenfrage istRechtsfrage, Die Juristinnen der deutschen Frauenbeweung und das Bürgerliche Gesetzbuch, Baden-Baden, 1995

Bing, Mathilde
Das Verhältnis von Stadt und Staat in Hamburg, Diss., Hamburg, 1916

Blasius, Dirk
Ehescheidungen in Deutschland 1794 - 1945, Scheidung und Scheidungsrecht in historischer Perspektive, Göttingen, 1987

Boedeker, Elisabeth
25 Jahre Frauenstudium in Deutschland, Verzeichnis der Doktorarbeiten von Frauen 1908-1933, Hannover, 1939

Boedeker, Elisabeth
50 Jahre Habilitation v. Frauen Meyer-Plath, Maria in Deutschland – eine Dokumentation über den Zeitraum 1920-1970, Göttingen, 1974

Böger, Landrichter
Sind Frauen zur Mitwirkung in der Rechtspflege zuzulassen ? in: DRiZ; 11: Jahrgang,1919, Heft 15/16, S. 257 bis 261

Bracher, Karl Dietrich
Funke, Manfred
Jacobsen, Hans-Adolf (Hrsg.)

Die Weimarer Republik
1918-1933, Politik Wirtschaft
Gesellschaft, Bonn, 1987

Breitling, Rupert

Die zentralen Begriffe der
Verbandsforschung -Pressure
Groups, Interessengruppen,
Verbände- in: Politische
Vierteljahresschrift, Jahrgang I
und II,1960/1961, Köln, Opladen,
S. 47 bis 73

Bruck, W. F.

Zur Reform d. Bildungswesens
der Juristen und Volkswirte in:
Schmollers Jahrbuch für
Gesetzgebung, Verwaltung und
Volkswirtschaft im Deutschen
Reiche, 52. Jahrgang,
München/Leipzig, 1928
S. 61 bis 75

Burgdörfer, Friedrich

Der Geburtenrückgang und die
Zukunft des deutschen Volkes
in: Kleine Schriften zur
Bevölkerungspolitik,
4. Auflage, Berlin, 1929,
S. 5 bis 24

Damm, Christiana

Die Stellung der Ehefrau und
Mutter nach Urteilen des

Reichsgerichts von 1879
bis 1914, Diss., Marburg, 1983

Deutsche Zentralstelle für Berufsberatung
Der Akademiker

Ein Kursus für Berufsberatung
in: DRiZ, 10. Jahrgang, 1918,
Heft 15/16, S. 265 bis 266

Deutscher Juristinnenbund (Hrsg.)

Juristinnen in Deutschland
Eine Dokumentation
(1900-1989), 2. Auflage,
Neuwied 1989;
Die Zeit von 1900 bis 1998,
Frankfurt, 3. Auflage, 1998

Dölle, Gilla

die (un)heimliche macht des
geldes, finanzierungsstrategien
der bürgerlichen
frauenbewegung in deutschland
zwischen 1865 und 1933,
Frankfurt a.M., 1997

Dörner, Heinrich

Industrialisierung und Familien-
recht -Die Auswirkungen des
sozialen Wandels an den
Familienmodellen des ALR,
BGB und des französichen
Code civil, Diss., Berlin 1974

de Niem, Landgerichtspräsident

Weibliche Richter ? In: DRiZ,
11. Jahrgang, 1919, Heft 19/20,
S. 320 bis 325

de Niem, Landgerichtspräsident

Die Frauengerichte nach dem
Entwurf zur Abänderung des
Gerichtsverfassungsgesetzes in:
DRiZ, 12. Jahrgang, 1920, Heft
7/8, S. 106 bis 110

Ehrbeck, Dorkas

Der Straftatbestand der
Unterhaltsentziehung aus
rechtsvergleichender Sicht   -
Eine-Fünf-Länder-Studie-,
Frankfurt a.M., 1990

Evans, Richard

The feminist movement in
Germany 1894 - 1933, London
1978

Fassmann, Irmgard Maya

Jüdinnen in der deutschen
Frauenbewegung 1865-1919
Hildesheim, Zürich, N.Y., 1996

Fischer, Wolfram

Staatsverwaltung und
Interessenverbände im
Deutschen Reich 1871 - 1914
in: Varain, Heinz Josef,
Interessenverbände in
Deutschland, Köln, 1973,
S. 139 bis 161

Fleming, Jens
Saul, Klaus
Witt, Peter-Christian

Familienleben im Schatten der
Krise
-Dokumente und Analysen zur
Sozialgeschichte der Weimarer
Republik 1918-1933-
Düsseldorf, 1988

Gerhard, Ute

Über die Anfänge der
Deutschen Frauenbewegung,
Bremen, 1980

Gerhard, Ute

Frauen in der Geschichte des Rechts, München, 1997

Gestrich, Andreas

Geschichte der Familie im 19. und 20. Jahrhundert, München, 1999

Göppinger, Horst

Juristen jüdischer Abstammung im 'Dritten Reich', 2. Auflage, München, 1990

Goetz, Leopold Karl

„Soziale Gliederung der Studentinnen auf den Preußischen Hochschulen" in Die Frau, 33. Jahrgang, Heft 9, Juni 1926, S. 536 bis 545

Götz, Aly
Heim, Susanne

Das Zentrale Staatsarchiv in Moskau („Sonderarchiv"), Rekonstruktion und Bestandsverzeichnis verschollen geglaubten Schriftgut aus der NS-Zeit, Düsseldorf, 1992

Greven-Aschoff, Barbara

Die bürgerliche Frauenbewegung in Deutsch-Land 1894-1933, Göttingen, 1981

Gumplowicz, Ludwig

Ausgewählte Werke, Band IV, Soziologische Essays, Soziologie und Politik, Innsbruck, 1928, Reprint: Aalen, 1972,

Heymann, Ernst

Die juristische Studienreform in Schumacher, Hermann und Spiethoff, Arthur (Hrsg.), Schmollers Jahrbuch für Gesetzgebung, Verwaltung und Volkswirtschaft im Deutschen Reiche, 46. Jahrgang, München/Leipzig, 1922, S. 109 bis 161

Historische Kommission

Neue Deutsche Biographie, bei der Bayerischen Akademie der Wissenschaften (Hrsg.) 18. Band, Berlin, 1997

Höber, Elfriede

Frauenberufsarbeit und Arbeitslosigkeit II. Abbau der
Doppelverdiener ? In: Die Frau
38. Jahrgang, Heft 5, Februar
1931, S. 277 bis 280

Hönig, Klaus

Der Bund Deutscher Frauen-
Vereine in der Weimarer
Republik 1919-1933,
Egelsbach, Frankfurt,
Washington, 1995

Jellinek, Camilla

„Vom Jammer des ehelichen
Güterrechts" in Die Frau,
34. Jahrgang, Heft 7,
April 1927, S. 409 bis 417

Jurczyk, Karin

Frauenarbeit und Frauenrolle,
Zum Zusammenhang von
Familienpolitik und Frauener-
werbstätigkeit in Deutschland
Von 1918-1975, 3. Auflage,
Frankfurt, N.Y., 1978

Kaiserliches Statistisches Amt (Hrsg.)
Statistisches Reichsamt (Hrsg.) ab 1919

Statistisches Jahrbuch für das
Deutsche Reich, 35. Jahrgang,
Berlin, 1914, bis 52. Jahrgang,
Berlin, 1933

Kaznelson, Siegmund

Juden im deutschen Kulturbereich, Ein Sammelwerk,
Berlin, 1959, S. 855

Kelsen, Hans

Die Rechtswissenschaft als
Norm-oder als
Kulturwissenschaft -Eine
methodenkritische
Untersuchung- in:
Schmoller, Gustav (Hrsg.),
Schmollers Jahrbuch für Gesetz
Gebung, Verwaltung und
Volkswirtschaft im Deutschen
Reiche, 40. Jahrgang, Drittes
Heft, München/Leipzig, 1916
S. 95 bis 153

Kipp, Theodor Wieruszowski Munk, Marie	„Welche Richtlinien sind fürdie zukünftige Gestaltung des ehelichen Güterrechts aufzustellen ?" in Juristische Wochenschrift, 53. Jahrgang, 1924, Heft 23, S. 1816 bis 1819
Klumker, Chr. J.	„Zur Neurodnung des Unehelichenrechts" in Juristische Wochenschrift, 54. Jahrgang, Heft 4, 1925, S. 310 bis 312
Krach, Tillmann	Jüdische Rechtsanwälte in Preußen, Über die Bedeutung der freien Advokatur und ihre Zerstörung durch den National-sozialismus, München, 1991
Landesarchiv Berlin	Berliner Gedenkbuchdatenbank Helene-Lange-Archiv Aktenauszüge
Lange, Helene Bäumer, Gertrud (Hrsg.)	Handbuch der Frauenbewegung Die Geschichte der Frauenbewegung in den Kulturländern, Teil I, Berlin, 1901
Lange, Helene	Die Frauenbewegung in ihren gegenwärtigen Problemen Berlin, 1924
Lewek, Peter	Arbeitslosigkeit und Arbeits-losenversicherung in der Weimarer Republik 1918-1927, Stuttgart, 1992
Lowenthal, Ernst Gottfried (Hrsg.)	Juden in Preußen, ein bio-graphisches Verzeichnis, ein repräsentativer Querschnitt, 2. Auflage, Berlin, 1982
Lüders, Marie-Elisabeth	Frauenberufsarbeit und Arbeits-losigkeit I. Die Beamtin als „Doppelverdiener". In: Die Frau, 38. Jahrgang, Heft 5, Februar 1931, S. 274 bis 277

Marcuse, Paul

Das Berufseinkommen des Rechtsanwalts nach dem neuen Einkommensteuergesetz in: JW, 50. Jahrgang, 1921, Heft 2, S. 86 bis 89

Meseritz, Margarete

Das Preßdelikt als Begehungs-form der gemeinen Delikte, Diss., Berlin, 1915

Mugdan, B.

Die gesamten Materialen zum Bürgerlichen Gesetzbuch für das Deutsche Reich, 4. Band, Familienrecht, Berlin, 1899

Munk, Marie

Die widerrechtliche Drohung des § 123 B.G.B. in ihrem Ver-hältnis zu Erpressung und Nötigung, Diss., Bonn, 1911

Munk, Marie

Vorschläge zur Umgestaltung des Rechts der Ehescheidung und der elterlichen Gewalt nebst Gesetzentwurf, Denkschrift des Bundes Deutscher Frauenvereine, Berlin, 1923

Munk, Marie

„Zur Umgestaltung des Rechts der Ehescheidung und der Elterlichen Gewalt in Die Frau, 31. Jahrgang, Heft 6, März 1924, S. 163 bis 166

Munk, Marie

„Die Umgestaltung des ehelichen Güterrechts" in Die Frau, 32. Jahrgang, Heft 2, November 1924, S. 39 bis 44

Munk, Marie

„Die elterliche Gewalt und ihre Reform" in Juristische Wochenschrift, 54. Jahrgang, 1925, Heft 4, S. 309 bis 310

Munk, Marie

„Die künftige Regelung der Rechte des unehelichen Kindes" in Die Frau, 33. Jahrgang, Heft 3, Dezmber 1925, S. 150 bis 156

Munk, Marie	„Der Gesetzentwurf über die unehelichen Kinder und die Annahme an Kindes Statt in Deutsche Juristen-Zeitung, 31. Jahrgang, 1926, Heft 15, S. 1070 bis 1074
Munk, Marie	„Die Reformbedürftigkeit des Ehescheidungsprozesses" in Deutsche Juristen-Zeitung, 31. Jahrgang, 1926, Heft 23, S. 1682 bis 1686
Munk, Marie	„Frauenwünsche zur Ehescheidungsreform" in Deutsche Richterzeitung, Heft 1 1928, S. 15 bis 18
Munk, Marie	„Inwiefern bedürfen die familienrechtlichen Vorschriften des BGB, mit Rücksicht auf den die Gleichberechtigung der Geschlchter aussprechenden Art. 119 Abs. 1 Satz 2 RV, einer Änderung ?" in Deutsche Richterzeitung, Heft 8/9, 1931, S. 300 bis 303
Neumann, Annemarie	Die Entwicklung der sozialistischen Frauenbewegung in: Schumacher, Hermann und Spiethoff, Arthur (Hrsg.), Schmollers Jahrbuch für Gesetzgebung, Verwaltung und Volkswirtschaft im Deutschen Reiche, 45. Jahrgang, 1921, S. 195 bis 257
Nipperdey, Thomas	Interessenverbände und Parteien in Deutschland vor dem ersten Weltkrieg in: Politische Vierteljahresschrift, Jahrgang I und II, 1960/1961, Köln, Opladen, S. 262 bis 280

Nörr, Knut Wolfgang

Zwischen den Mühlsteinen
-Eine Privatrechtsgeschichte
der Weimarer Republik-
Tübingen, 1988

Oekinghaus, Emma

Die gesellschaftliche und
rechtliche Stellung der
deutschen Frau, Jena, 1925

Ogburn, William Fielding

Kultur und sozialer Wandel,
Neuwied, 1969

Peukert, Detlev J. K.

Die Weimarer Republik,
Frankfurt, 1987

Ratzenhofer, Gustav

Wesen und Zweck der Politik,
Band 1 bis Band 3, Leipzig,
1893, Reprint: Aalen, 1967

Rebmann, Kurt (Hrsg.)
Säcker, Franz Jürgen (Hrsg.)

Münchener Kommentar zum
Bürgerlichen Gesetzbuch,
Band 8,Familienrecht II,
§§ 1589 -1921 . KJHG,
3. Auflage, München, 1992

Rebstein-Metzger, Emmy

„Gütertrennung oder Güter-
Gemeinschaft ?" in Die Frau,
34. Jahrgang, Heft 9, Juni 1927,
S. 522 bis 527

Rebstein-Metzger, Fanny (?)

„Ehewirklichkeit und Eherecht"
in Die Frau, 35. Jahrgang,
Heft 12, September 1928,
S. 723 bis 727

Reichert, Bernhard
van Look, Frank
Häuser, Franz

Handbuch des Vereins- und
Verbandsrechts, Neuwied, 1995

Rheinstein, Max

Einführung in die Rechtsvergleichung, 2. Auflage,
München, 1987

Seemann, Brigit

Feministische Staatstheorie
-Der Staat in der deutschen
Frauen- und
Patriarchatsforschung-,
Opladen, 1996

Simmel, Georg	Philosophische Kultur - Über das Abenteuer, die Geschlechter und die Krise der Moderne -, Gesammelte Essais, Berlin, 1983
Simon, Helene	Geistige Arbeiter. in: Die Frau, 28. Jahrgang, Heft 2, November 1920, S. 44 bis 49
Sinzheimer, Hugo	Ein Arbeitstarifgesetz -Die Idee der sozialen Selbstbestimmung im Recht, 2. Auflage, Berlin, 1977, der in Leipzig 1916 erschienenen Publikation
Sinzheimer, Hugo Ramm, Thilo (Hrsg.)	Arbeitsrecht und Kahn-Freund, Otto (Hrsg.) Rechtssoziologie, Gesammelte Aufsätze und Reden, Band I und II, Frankfurt / Köln, 1976
Schmitt, Carl	Der Begriff des Politischen, -Text von 1932 mit einem Vorwort und drei Corollarien-, Berlin, 1963
Schomerus, F.	Die freien Interessenverbände für Handel und Industrie und ihr Einfluß auf die Gesetzgebung und Verwaltung in: Schmoller, Gustav (Hrsg.), Schmollers Jahrbuch für Gesetzgebung, Verwaltung und Volkswirtschaft im Deutschen Reiche, 25. Jahrgang, 1901, S. 57 bis 138
Schraut, Oberregierungsrat	Die Akademie für Deutsches Recht in: JW, 62. Jahrgang, 1933, Heft 38/39, S. 2092 bis 2093
Schriften des Bundesarchivs	Das Bundesarchiv und seine Bestände, 2. Auflage, Boppard a. Rhein, 1968

Schriften des Bundesarchivs	Die Nachlässe in den deutschen Archiven (mit Ergänzungen aus anderen Beständen) Band 1, Teil I und II, Boppard a. Rhein, 1983
Schriftenreihe des Gewerkschaftsbundes der Angestellten	Die soziale Not der weiblichen Angestellten,Berlin-Zehlendorf, 1928
Schriftführer-Amt der ständigen Deputation des deutschen Juristentages	Verhandlungen des Zweiunddreißigsten deutschen Juristentages (Bamberg) Berlin / Leipzig, 1922 S. 150 bis 229
Schriftführer-Amt der ständigen Deputation des deutschen Juristentages	Vorschläge des Mitberichter statters Geh. Justizrats Prof. Dr. Kipp-Berlin in Verhandlungen des Dreiunddreißigsten deutschen Juristentages (Heidelberg), Berlin und Leipzig, 1925, S. 344 bis 357
Schriftführer-Amt der ständigen Deputation des deutschen Juristentages	Vorschläge des Mitberichter statters Senatspräsident Prof. Dr. Wieruszowski-Berlin in Verhandlungen des Dreiunddreißigsten deutschen Juristentages (Heidelberg), Berlin und Leipzig, 1925, S. 357 bis 369
Schriftführer-Amt der ständigen Deputation des deutschen Juristentages	Vorschläge der Mitberichter statterin Fräulein Rechtsanwalt Dr. Marie Munk-Berlin in Verhandlungen des Dreiunddreißigsten deutschen Juristentages (Heidelberg), Berlin und Leipzig, 1925, S. 339 bis 344; Stellungnahme: S. 369 bis 380

Schriftführer-Amt der ständigen Deputation des deutschen Juristentages

Gutachten der Frau Rechtsanwalt Dr. Emmy Rebstein-Metzger, Mannheim in Verhandlungen des Sechsunddreißigsten deutschen Juristentages (Lübeck), Erster Band, 1. Lieferung, Berlin und Leipzig, 1930, S. 540 bis 591

Schriftführer-Amt der ständigen des deutschen Juristentages

Gutachten des Herrn Deputation Oberlandesgerichtspräsidenten i.R., Dr. Ernst Dronke Frankfurt a. M. in Verhandlungen des Sechsunddreißigsten deutschen Juristentages (Lübeck), Erster Band, 1. Lieferung, Berlin und Leipzig, 1930, S. 592 bis 630

Schubert, Werner

Die Projekte der Weimarer Republik zur Reform des Nichtehelichen-, des Adoptions- und des Ehescheidungsrechts Paderborn, 1986

Schumacher, Hermann

Zur Reform der staatswissen- schaftlichen Studien in: Schumacher, Hermann und Spiethoff, Arthur (Hrsg.), Schmollers Jahrbuch für Gesetzgebung, Verwaltung und Volkswirtschaft im Deutschen Reiche, 44. Jahrgang, 1920, München/Leipzig, S. 949 bis 980

Schwab, Dieter

Gleichberechtigung und Familienrecht im 20. Jahrhundert, in Gerhard, Ute (Hrsg.), Frauen in der Geschichte des Rechts, München, 1997, S. 790 bis 827

Stadelmann, Landgerichtsdirektor	Die Zulassung der Frau zum Richteramt in DRiZ, 13. Jahrgang, 1921, Heft 7, S. 196 bis 206
Tetzlaff, Walter	2000 Kurzbiographien bedeutender deutscher Juden des 20. Jahrhunderts, Askania, 1982, S. 25
Teubner, Gunther	Organisationsdemokratie und Vebandsverfassung, Tübingen, 1978
Tudyka, Kurt Tudyka, Juliane	Verbände - Geschichte, Theorie, Funktion -, Frankfurt a.M., 1973
Ulich-Beil, Else (Hrsg.)	Jahrbuch des Bundes Deutscher Frauenvereine, Mannheim, Leipzig, Berlin, 1927
Varain, Heinz Josef (Hrsg.)	Interessenverbände in Deutschland, Köln, 1973
Verhandlungen der 14. Vertreterversammlung des Deutschen Anwaltsvereins am Sonnabend, den 28. und Sonntag, den 29. Januar 1922 zu Braunschweig	in JW 1922, S. 1241 bis 1267
Voigt, Rüdiger	Neue Zugänge zum Recht, Siegen, 1986
von Erffa, Margarethe	Die Frau als Rechtsanwalt in: Schmidt-Beil, Ada, Die Kultur der Frau, Berlin-Frohnau, 1931, S. 205 bis 211
von Gierke, Otto	Die Grundbegriffe des Staatsrechts und die neuesten Staatsrechtstheorien, Tübingen, 1915, Reprint: Aalen, 1973
von Gierke, Otto	Das Wesen der menschlichen Verbände, Darmstadt, 1954
von Hasseln, Sigrun	Die Zulassung der Frau zum Richteramt -Thema des Vierten Richtertages 1921- in: DRiZ 1984, S. 12 bis 15

von Hentig

Das Rechtsstudium der Frau
und seine Verwertung in:
JW, 46. Jahrgang, 1917,
Heft 14, S. 844

von Zahn-Harnack, Agnes

Die Frauenbewegung,
Geschichte, Probleme, Ziele
Berlin, 1928

von Zwiedineck, Otto

Recht und Wirtschaft
(Erweiterte Fassung einer bei
der feierlichen Proklamation der
der Akademie für Deutsches
Recht am 2.10.1933 in Leipzig
gehaltenen Rede) in: Spiethoff,
Arthur (Hrsg.), Schmollers
Jahrbuch für Gesetzgebung,
Verwaltung und
Volkswirtschaft im Deutschen
Reiche, 57. Jahrgang, II.
Halbband, 1933, Reprint: Bad
Feilnbach, 1990, S. 779 bis 793

Wagner, Gunter

Die Reformbestrebungen zur
Neugestaltung des
Nichtehelichenrechts. Eine
analytische Dokumentation,
Diss., Gießen, 1971

Walk, Joseph

Kurzbiographien zur Geschichte
der Juden 1918-1945,
München, N.Y., London, Paris
1988, S. 27

Weber, Jürgen

Die Interessengruppen im
politischen System der Bundes-
Republik Deutschland.
Stuttgart, Berlin, Köln, Mainz,
1977

Weber, Marianne

Frauenfragen und
Frauengedanken,
Gesammelte Aufsätze,
Tübingen, 1919

Weber, Marianne

Die soziale Not der berufstätigen Frau in: Schriftenreihe des Gewerkschaftsbundes -GDA-Schrift Nr. 43, Die soziale Not der weiblichen Angestellten, Berlin=Zehlendiorf, 1928, S. 5 bis 15

Weber, Marianne

Die Idee der Ehe und die Ehescheidung, Frankfurt a.M. 1929

Weber, Max
Winckelmann, Johannes (Hrsg.)

Wirtschaft und Gesellschaft, Grundriss der verstehenden Soziologie, 5. Auflage besorgt von Johannes Winckelmann, Tübingen, 1976

Weigert, Oscar

Das Arbeitsnachweisgesetz vom 22. Juli 1922 mit den Verordnungen vom 30. September und 19. Oktober 1922 und Ausführungsvorschriften des Reichsamtes für Arbeitsvermittlung und der Länder, Berlin, 1922

Wex, Else
Gilbert, Mary-Enole

Staatsbürgerliche Arbeit deutscher Frauen 1865-1928 Berlin, 1929

Winckelmann, Johannes (Hrsg.)
Weber, Max

Gesammelte Aufsätze zur Wissenschaftslehre, Tübingen, 1988

Wolff, Emmy (Hrsg.)

Jahrbuch des Bundes Deutscher Frauenvereine, Mannheim, Leipzig, Berlin, 1927-1928

Wolff, Emmy (Hrsg.)

Jahrbuch des Bundes Deutscher Frauenvereine, Mannheim, Leipzig, Berlin, 1928-1931

Wolff, Julius	Besprechung des Buches von Roderich von Ungern-Sternberg mit dem Titel: Die Ursachen des Geburtenrückgangs im europäischen Kulturkreis, 1932, Berlin in: Zeitschrift für Politik, 1933, 23. Band, Berlin, 1934, S. 61 bis 63
Wolff, Robert Paul Moore, Barrington Marcuse, Herbert	Kritik der reinen Toleranz Frankfurt, 1982
Würzburger, Eugen	Der Geburtenrückgang und seine Statistik in: Schmoller, Gustav (Hrsg.), Schmollers Jahrbuch für Gesetzgebung, Verwaltung und Volkswirtschaft im Deutschen Reiche, 38. Jahrgang, 1914, Drittes Heft, München/Leipzig, S. 147 bis 175
Zitelmann, Ernst	Die Vorbildung der Volkswirte und der Juristen -Leitsätze und Vorschläge- in: Schumacher, Hermann und Spiethoff, Arthur (Hrsg.), Schmollers Jahrbuch für Gesetzgebung, Verwaltung und Volkswirtschaft im Deutschen Reiche, 45. Jahrgang, München/Leipzig, 1921, S. 305 bis 311

Archivquellen

Landesarchiv Berlin: LAB B Rep. 235-01 Bund deutscher Frauenvereine, MF. -Nr.

Die Autorin:

Oda Cordes entwickelte bereits während ihres Studiums der Rechtswissenschaften ein besonderes Interesse für die Rechtsgeschichte. Bereits vor dem erfolgreichen Abschluss ihres Studiums veröffentlichte sie rechtshistorische Aufsätze und legte den Grundstein für ihre ersten wissenschaftlichen Forschungen im Ehe-, Ehegüter-, Familien- und Scheidungsrecht des 20. Jahrhunderts. Hierbei rückte sie die Stellung der Frau in den besonderen Fokus ihrer Arbeit.

www.ingramcontent.com/pod-product-compliance
Lightning Source LLC
Chambersburg PA
CBHW050911030726
47586CB00005B/1534